T0129623

essentials

essentials liefern aktuelles Wissen in konzentrierter Form. Die Essenz dessen, worauf es als „State-of-the-Art" in der gegenwärtigen Fachdiskussion oder in der Praxis ankommt. *essentials* informieren schnell, unkompliziert und verständlich

- als Einführung in ein aktuelles Thema aus Ihrem Fachgebiet
- als Einstieg in ein für Sie noch unbekanntes Themenfeld
- als Einblick, um zum Thema mitreden zu können

Die Bücher in elektronischer und gedruckter Form bringen das Fachwissen von Springerautor*innen kompakt zur Darstellung. Sie sind besonders für die Nutzung als eBook auf Tablet-PCs, eBook-Readern und Smartphones geeignet. *essentials* sind Wissensbausteine aus den Wirtschafts-, Sozial- und Geisteswissenschaften, aus Technik und Naturwissenschaften sowie aus Medizin, Psychologie und Gesundheitsberufen. Von renommierten Autor*innen aller Springer-Verlagsmarken.

Constantin Frank-Fahle · Marcel Trost

Markteinstieg in den Vereinigten Arabischen Emiraten

Investment Guide Emerging Markets

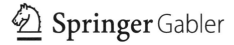 Springer Gabler

Constantin Frank-Fahle
emltc
Abu Dhabi/Dubai, United Arab Emirates

Marcel Trost
emltc
Abu Dhabi/Dubai, United Arab Emirates

ISSN 2197-6708   ISSN 2197-6716 (electronic)
essentials
ISBN 978-3-658-42766-5   ISBN 978-3-658-42767-2 (eBook)
https://doi.org/10.1007/978-3-658-42767-2

Die Deutsche Nationalbibliothek verzeichnet diese Publikation in der Deutschen Nationalbiblio-
grafie; detaillierte bibliografische Daten sind im Internet über http://dnb.d-nb.de abrufbar.

Planung/Lektorat: Irene Buttkus
Springer Gabler ist ein Imprint der eingetragenen Gesellschaft Springer Fachmedien Wiesbaden
GmbH und ist ein Teil von Springer Nature.
Die Anschrift der Gesellschaft ist: Abraham-Lincoln-Str. 46, 65189 Wiesbaden, Germany

Das Papier dieses Produkts ist recyclebar.

Was Sie in diesem *essential* finden können

- Einführung in die investitionsrechtlichen Kernüberlegungen in Bezug auf die Vereinigten Arabischen Emirate
- Differenzierung zwischen Mainland und Freihandelszonen als Investitionsstandort
- Einführung in die Kernbereiche des Gesellschafts-, Steuer- und Arbeitsrechts

Geleitwort des CEO der Deutsch-Emiratischen Industrie- und Handelskammer

Die Vereinigten Arabischen Emirate (VAE) sind kein Geheimtipp mehr für kleine und mittlere Unternehmen. Seit über zwei Jahrzehnten strahlt der hochattraktive Standort der Emirate auch gen Deutschland aus. Bereits seit 1998 ist unser „German Emirati Joint Council for Industry & Commerce" als Teil des Netzes der deutschen Auslandshandelskammern (AHK) in den Emiraten aktiv. Trotz ökonomischer „Ups & Downs", die auch in den Emiraten als global eng vernetzter Volkswirtschaft ihre Spuren hinterließen, ist das Portfolio der hier vertretenen deutschen Unternehmen über die Jahre kontinuierlich gewachsen. Nach Schätzungen unserer AHK sind derzeit rund 1200 deutsche Unternehmen in den Emiraten mit eigenen Niederlassungen und eigenem Personal vertreten, eine ungleich höhere Zahl ist auf anderen Wegen in den VAE aktiv, z. B. über lokale Partner oder Vertreter. Für ein Land von rund 10 Mio. Einwohnern ist dies eine außergewöhnlich hohe Dichte deutscher Firmen, die zudem eine denkbar breite Palette – und somit auch einen Querschnitt der deutschen Wirtschaft – abbildet.

War die erste Generation der aus den Emiraten operierenden deutschen Unternehmen vor allen Dingen am Verkauf von deutschen Produkten und Dienstleistungen in der Region interessiert, sieht die AHK seit einigen Jahren eine neue Entwicklung. Der hochattraktive Standort positioniert sich als globaler Hub für die „Digital Nomads" dieser Welt, für Kreative, für Unternehmer:innen mit einem innovativen Tech-Hintergrund und jene mit Bedarf an ebensolchen Fachkräften. Das sich dynamisch verändernde Arbeits- und Aufenthaltsrecht spielt für diese Klientel natürlich eine wichtige Rolle, ebenso wie die zahlreichen Freihandelszonen der Emirate, die sich zum Teil explizit auf diese Firmen und Unternehmer:innen, im Übrigen mittlerweile auch auf Freiberufler ausgerichtet haben.

Inmitten der hochdynamischen Golfregion gelegen, hat sich das Profil der Vereinigten Arabischen Emirate im Laufe der jüngeren Vergangenheit stark geändert. Die tradierte Rolle des Einfallstors in die Golfregion besteht nach wie vor, ist aber „nur" noch eine neben weiteren strategischen Funktionen der Emirate. In Zeiten einer quasi globalen Energiekrise sowie multipler Herausforderungen für internationale Lieferketten sprechen die Vereinigten Arabischen Emirate stark jene Unternehmen an, die einen verlässlichen, unternehmensfreundlichen und kapitalstarken Standort suchen. Mit der Unterzeichnung erster Freihandelsabkommen mit Schlüsselpartnern wie der Türkei, Israel sowie Indien ist der Pfad der Emirate als aufstrebender Standort auch für verarbeitende Tätigkeiten vorgezeichnet.

Unsere AHK steht als Ansprechpartner für ratsuchende Unternehmen ebenso zur Verfügung wie unser Mitglied emltc, das als lokaler Dienstleister ein hochkompetenter Ansprechpartner für die verschiedenen gesellschafts-, arbeits- und steuerrechtlichen Komplexe ist. Ich wünsche viel Freude bei der Lektüre und gutes Gelingen beim Einstieg in den Emiraten. Es lohnt sich!

Dubai   Oliver Oehms
Juli 2023   CEO German Emirati Joint Council
                                             for Industry & Commerce (AHK)

Vorwort

Die Vereinigten Arabischen Emirate (VAE) haben sich zu dem Wirtschafts-zentrum in der Middle East and North Africa (MENA)-Region entwickelt. Insbesondere das Emirat Dubai ist – neben den beiden anderen asiatischen Hubs Singapur und Hongkong – erste Wahl, wenn es um die Aussteuerung regionaler Aktivitäten geht. Dies liegt u. a. an der (Verkehrs-)Infrastruktur, geo-grafischen Lage, stabilen politischen Rahmenbedingungen und der Möglichkeit, ein vergleichsweise westliches Leben führen zu können.

Seit ihrer Gründung im Jahre 1971 haben die VAE ein beachtliches Wirt-schaftswachstum zu verzeichnen. Zugpferde sind die Emirate Abu Dhabi und Dubai. Die Öl- und Gasindustrie wird vom flächenmäßig größten Emirat Abu Dhabi bedient, während Handel und Tourismus ihren Schwerpunkt in Dubai haben.

Im Dezember 2021 feierten die VAE ihr 50-jähriges Bestehen. Im Nach-gang zum Nationalfeiertag wurden zahlreiche Reformen erlassen. Zu nennen sind u. a. die Einführung einer Körperschaftsteuer, die Reformierung des Arbeits- und Handelsvertreterrechts sowie die Liberalisierung des Ausländerinvestitionsrechts.

Die VAE stehen neuerdings in einem Wettbewerb um die Vormachtstellung in der Golfregion mit dem Nachbarland Saudi-Arabien. Saudi-Arabien lockt Unternehmen mit dem Versprechen, an der öffentlichen Auftragsvergabe teil-nehmen zu können, vorausgesetzt, das Unternehmen errichtet in dem Land eine Regionalverwaltung. Die VAE stehen daher gewissermaßen unter Druck, noch investitionsfreundlicher zu werden.

Das vorliegende Essential richtet sich an Investoren, Unternehmer und Unter-nehmen (C-Suite, Rechts- und Steuerabteilungen). Aufgrund des begrenzten Umfangs der Reihe kann nur auf die bedeutendsten investitionsrechtlichen Aspekte eingegangen werden.

Wir wünschen Ihnen viel Freude bei der Lektüre und sind dankbar für Anregungen, Kritik sowie Ergänzungsvorschläge.

Dubai/Abu Dhabi   Dr. Constantin Frank-Fahle, LL.M.
Juli 2023   Rechtsanwalt und Gründungspartner
                                       emltc (Emerging Markets – Legal.
                                                   Tax. Compliance.)

                                                         Marcel Trost
                                       Rechtsanwalt und Gründungspartner
                                       emltc (Emerging Markets – Legal.
                                                   Tax. Compliance.)

Inhaltsverzeichnis

1 Einführung 1
  1.1 Allgemeine Informationen 1
    1.1.1 Geschichte und politisches System 1
    1.1.2 Geografische Lage und Anbindung 2
    1.1.3 Sprache 3
    1.1.4 Währung und Gewinnrepatriierung 3
    1.1.5 Demografische Besonderheiten 3
    1.1.6 Lebenshaltungskosten und Sicherheit 4
  1.2 Wirtschaftliche Entwicklung 4
    1.2.1 Inflation 4
    1.2.2 Das Verhältnis der Europäischen Union zu den VAE 5
  1.3 Rechts- und Gerichtssystem 5
    1.3.1 Rechtssystem 5
    1.3.2 Gerichtssystem 6
    1.3.3 Streitentscheidung 7
        1.3.3.1 Rechts- und Gerichtsstandsvereinbarungen 7
        1.3.3.2 Ordentliche Gerichtsbarkeit 7
        1.3.3.3 Schiedsverfahren 8
        1.3.3.4 Anerkennung ausländischer Schiedssprüche
              und Gerichtsurteile 8

2 Investitionsrechtliche Rahmenbedingungen 9
  2.1 Unterscheidung zwischen Mainland und Freihandelszonen 9
    2.1.1 Mainland 9
    2.1.2 Freihandelszonen 10
  2.2 Handelsvertreterrecht 12

2.3 Gesellschaftsrechtliche Rahmenbedingungen 13
    2.3.1 Repräsentanz (Representative Office) 13
    2.3.2 (Zweig-)Niederlassung (Branch) 14
    2.3.3 Gesellschaft 14
          2.3.3.1 Rechtsgrundlagen 15
          2.3.3.2 Gesellschaftsgründung 15
                  2.3.3.2.1 Gesellschafter 15
                  2.3.3.2.2 Bestimmung des Firmennamens 15
                  2.3.3.2.3 Satzung der Gesellschaft 16
                  2.3.3.2.4 Registriertes Stammkapital 17
          2.3.3.3 Geschäftsleitung 17
          2.3.3.4 Dividenden 18
          2.3.3.5 Haftung 18
          2.3.3.6 Buchführungspflichten und Jahresabschluss 19
    2.3.4 Offshore-Gesellschaften 19
2.4 Freihandelsabkommen 20
2.5 Investitionsschutzabkommen 20

3 Steuerliche Rahmenbedingungen 23
3.1 Einkommensteuer 23
3.2 Körperschaftsteuer 24
    3.2.1 Zeitlicher Anwendungsbereich 24
    3.2.2 Persönlicher Anwendungsbereich 24
    3.2.3 Regelsteuersatz und Besonderheiten 25
    3.2.4 Sonderregelungen für Freihandelszonen 25
          3.2.4.1 Qualifying Free Zone Person 26
          3.2.4.2 Qualifizierte Einkünfte 26
    3.2.5 Steuererklärung 27
    3.2.6 Quellensteuer 27
3.3 Umsatzsteuer 28
    3.3.1 Regelsteuersatz und Besonderheiten 28
    3.3.2 Umsatzsteuerregistrierung 28
    3.3.3 Steuerpflicht 28
3.4 Economic Substance Regulations 29
    3.4.1 Relevant Activities 29
    3.4.2 Meldepflichten 29
    3.4.3 Substanznachweis 30
    3.4.4 Verwaltungssanktionen 30

3.5 Zoll 30
3.6 Doppelbesteuerungsabkommen 31

4 Arbeitsrechtliche Rahmenbedingungen 33
4.1 Allgemeines 33
4.2 Rechtliche Rahmenbedingungen 33
4.3 Die Begründung des Arbeitsverhältnisses 34
    4.3.1 Individualvertragliche Regelungen 35
        4.3.1.1 Grenzen privatrechtlicher
                Zusatzvereinbarungen 35
        4.3.1.2 Wettbewerbs- und Konkurrenzschutzklauseln ... 36
    4.3.2 Arbeitszeitmodelle 36
    4.3.3 Befristung von Arbeitsverhältnissen 37
    4.3.4 Probezeit 37
4.4 Rechte und Pflichten im Arbeitsverhältnis 38
    4.4.1 Rechte des Arbeitnehmers 38
        4.4.1.1 Vergütung 38
        4.4.1.2 Arbeits- und Ruhezeiten 38
        4.4.1.3 Überstunden 38
        4.4.1.4 Feiertage 39
        4.4.1.5 Urlaubsanspruch 39
        4.4.1.6 Leistungen bei Krankheit oder
                Arbeitsunfällen 40
    4.4.2 Antidiskriminierung am Arbeitsplatz 41
    4.4.3 Mutter-, Jugend- und Arbeitsschutz 41
        4.4.3.1 Mindestalter und Schutz von jungen
                Arbeitnehmern 42
    4.4.4 Sozialversicherungsrechtliche Aspekte 42
4.5 Die Beendigung des Arbeitsverhältnisses 43
    4.5.1 Abfindungsanspruch (End-of-Service Gratuity) 44
4.6 Freihandelszonen – verschiedene Arbeitsgesetze 45

5 Fazit und Ausblick 47

Einführung 1

1.1 Allgemeine Informationen

1.1.1 Geschichte und politisches System

Die Vereinigten Arabischen Emirate (VAE) entstanden am 02.12.1971 als unabhängiger souveräner Staat durch den Zusammenschluss von zunächst sechs – nunmehr sieben – Emiraten (das Emirat Ras Al Khaimah trat 1972 der Föderation bei). Nach dem Rückzug der Briten, die den Emiraten bis dahin durch das britische Protektorat Sicherheit geboten hatten, fürchteten die Scheichtümer militärische Auseinandersetzungen mit den Nachbarstaaten und bildeten u. a. aus diesem Grund eine Föderation.

In der Folge entwickelten sich die VAE zu einer der stärksten Volkswirtschaften des Nahen Ostens sowie einem internationalen Handelsplatz und Business Hub. Zu dieser Entwicklung haben insbesondere die Emirate Abu Dhabi und Dubai beigetragen.

Der Handel mit Erdöl bildet bis heute, vor allem im Emirat Abu Dhabi, den wichtigsten Wirtschaftssektor. Demgegenüber kann das Emirat Dubai nur noch geringe Erdölvorkommen aufweisen. Zur Förderung des Wirtschaftswachstums wurden daher Wirtschaftszweige (u. a. Baugewerbe, Tourismus, Handel, Finanzen) ausgebaut. Durch die Schaffung von Freihandelszonen sowie der erforderlichen Infrastruktur wurden die VAE zudem für ausländische Direktinvestitionen immer attraktiver. Von diesem enormen Wirtschaftswachstum in Abu Dhabi und Dubai profitieren auch die restlichen Emirate. Die politische Lage ist sehr stabil.

Staatsform der VAE ist eine föderale konstitutionelle Monarchie. Die sieben Herrscher der Emirate – Scheichs, die durch Erbfolge bestimmt werden – bilden

© Der/die Autor(en), exklusiv lizenziert an Springer Fachmedien Wiesbaden GmbH, ein Teil von Springer Nature 2023
C. Frank-Fahle und M. Trost, *Markteinstieg in den Vereinigten Arabischen Emiraten*, essentials, https://doi.org/10.1007/978-3-658-42767-2_1

gemeinsam das oberste Verfassungsorgan des Landes, den Obersten Rat. Aus ihrer Mitte des Rates wird der Präsident der VAE gewählt, welcher die meiste Macht ausübt. Der Präsident wird für eine Amtszeit von fünf Jahren gewählt. Staatsoberhaupt ist derzeit S.H. Präsident Scheich Mohammad bin Zayed Al Nahyan (Amtsantritt: 14.05.2022), der gleichzeitig Herrscher des größten Emirates Abu Dhabi ist. Premierminister ist aktuell S.H. Scheich Mohammed bin Rashid Al Maktoum (Amtsantritt: 09.02.2006), der über das Emirat Dubai herrscht. Die Staatsordnung ist geprägt durch traditionelle, islamische sowie moderne Elemente. Zugleich gibt es in den VAE aber auch demokratisch geprägte Institutionen.

1.1.2 Geografische Lage und Anbindung

Geografisch betrachtet, liegen die VAE im Osten der Arabischen Halbinsel (Südwestasien) am Arabischen Golf und sind mit einer Gesamtfläche von mehr als 83.000 km^2 das 113. größte Land der Welt. 84 % der Landmasse der VAE macht allein das Emirat Abu Dhabi aus. Bei Betrachtung der gesamten Landmasse der VAE entspricht diese etwa 23 % der Größe von Deutschland. Die einzigen direkten Nachbarländer der VAE sind Oman und Saudi-Arabien.

Das Land besteht aus sieben Emiraten:

- Abu Dhabi
- Adschman
- Dubai
- Fudschaira
- Ras Al Khaimah
- Schardscha
- Umm al-Qaiwain

Die größten Städte der VAE sind Dubai (mit ca. 3,6 Mio. Einwohnern) und die Hauptstadt Abu Dhabi (mit ca. 1,6 Mio. Einwohnern).

Das Land verfügt über eine 1.318 km lange Küstenlinie am Arabischen Golf und Golf von Oman sowie über mehr als 20 Seehäfen. Ebenfalls gehören ca. 700 – zum größten Teil künstlich aufgeschüttete – Inseln zum Land. Die größten Seehäfen sind:

- Jebel Ali (Dubai)
- Port Mina Rashid (Dubai)

- Port Zayed (Abu Dhabi)
- Khalifa Port (Abu Dhabi)
- Port Khalid (Schardscha)

Die VAE haben sieben internationale Flughäfen. Es bestehen direkte Anbindungen nach Europa, Afrika und Asien. Eine Vielzahl internationaler Unternehmen nutzen die VAE schon lange als „Hub" für Geschäftstätigkeiten in der Region, insbesondere mit Saudi-Arabien.

Zudem werden die See- und Flughäfen stetig ausgebaut, mit dem Ziel die VAE als Drehkreuz des internationalen Seefahrt- und Flugverkehrs zu etablieren.

1.1.3 Sprache

Die Amtssprache der VAE ist Arabisch, wobei Englisch als universale Sprache anerkannt ist. Da in den Behörden auch englischsprachige Mitarbeiter eingesetzt werden, sind Arabischkenntnisse für eine Geschäftstätigkeit in den VAE zwar von Vorteil, jedoch nicht zwingend erforderlich. Offizielle Dokumente können größtenteils auf Englisch bei den Behörden eingereicht werden. Auch Verkehrszeichen sind in der Regel bilingual (Arabisch/Englisch) ausgestaltet.

1.1.4 Währung und Gewinnrepatriierung

Der VAE-Dirham (ISO-Code: AED) ist seit 1973 die offizielle Landeswährung. Ein Dirham ist in 100 Fils unterteilt. Die Zentralbank kontrolliert die Währung und gibt die Noten aus. Nach aktuellem Wechselkurs entspricht 1 AED ca. 0,25 EUR. Der AED ist an den USD gekoppelt. Der festgelegte Wechselkurs beträgt stets 1 USD = 3,6725 AED.

Es bestehen grundsätzlich keinerlei Beschränkungen im Hinblick auf die Gewinnrepatriierung.

1.1.5 Demografische Besonderheiten

Die VAE haben ca. 10 Mio. Einwohner (Stand 2023), wobei ca. 88 % ausländischer Herkunft sind. Im Emirat Dubai liegt dieser Prozentsatz mit ca. 90 % sogar noch höher (2020: Government of Dubai). Es leben mehr als 200 Nationalitäten in den VAE. Die meisten Ausländer stammen aus Asien, u. a. aus Indien (ca. 27 %), Pakistan (ca. 12 %), Bangladesch (ca. 7 %) und den Philippinen (ca. 5 %).

1.1.6   Lebenshaltungskosten und Sicherheit

Da die meisten Lebensmittel nicht in den VAE hergestellt, sondern importiert werden müssen, sind die Lebensmittelkosten im Vergleich zu Europa verhältnismäßig hoch. Den größten Teil der Lebenshaltungskosten macht jedoch die Miete aus. Die Mietpreise sind seit Ausbruch der Ukrainekrise, die insbesondere in dem Emirat Dubai zu einem erheblichen Zuzug an Menschen geführt hat, stark angestiegen. Allein im Jahr 2023 ist mit einem Anstieg von bis zu 25 % der Mietpreise im Vergleich zum Vorjahr zu rechnen.

Die VAE sind ein sicherer Wohnort mit hoher Lebensqualität und einer niedrigen Kriminalitätsrate. Insbesondere Dubai gilt als eine der sichersten Städte der Welt. Im Jahr 2023 erreichte Dubai im weltweiten Ranking des Safety Index den 7. Platz.

1.2   Wirtschaftliche Entwicklung

2022 betrug das Bruttoinlandsprodukt (BIP) 508 Mrd. USD (IMF, World Economic Outlook) und wuchs gegenüber 2021 um 7,9 %. Die VAE sind nach Saudi-Arabien (BIP 2022: 1108 Mrd. USD; IMF, World Economic Outlook) die zweitgrößte Volkswirtschaft unter den Mitgliedstaaten des Golfkooperationsrates (GCC). Ausländische Direktinvestitionen in den VAE lagen 2022 bei 23 Mrd. USD (UNCTAD Report). Die VAE zogen damit ca. 60 % der Gesamtinvestitionen der GCC-Staaten an.

1.2.1   Inflation

2022 lag die Inflationsrate bei 4,8 % (Weltbank). Laut dem vierteljährlichen Bericht der Zentralbank soll die Inflationsrate jedoch im Laufe des Jahres 2023 auf 3,2 % und im Jahr 2024 auf voraussichtlich 2,8 % sinken.

1.2.2   Das Verhältnis der Europäischen Union zu den VAE

Die Mitgliedstaaten der Europäischen Union (EU) sind wichtige Handelspartner der VAE. Die EU und die VAE verhandeln seit einiger Zeit über Möglichkeiten zur Stärkung der bilateralen Zusammenarbeit. Dies zeigte sich zuletzt im April 2023 durch den Besuch des Staatsministers für Außenhandel, Dr. Thani bin Ahmed Al Zeyoudi, in Brüssel. Dieser führte bei seinem Besuch bilaterale Gespräche zum Ausbau der Handelsbeziehungen zwischen der EU und den VAE. Im Fokus stehen u. a. Maßnahmen, die ein nachhaltiges Wirtschaftswachstum sowie eine langfristige und zukunftsorientierte Zusammenarbeit zu fördern.

1.3   Rechts- und Gerichtssystem

1.3.1   Rechtssystem

Das Rechtssystem der VAE basiert auf den Grundsätzen des Zivilrechtssystems (Civil Law), auch kontinentales oder romano-germanisches Rechtssystem genannt, und verbindet dieses mit den Gesetzen der Scharia, wodurch es sowohl westliche als auch islamische Elemente aufweist. Auf wirtschaftsrechtliche Transaktionen hat die Scharia jedoch kaum Einfluss.

Oberste Rechtsquelle ist die Verfassung vom 02.12.1971. Weitere Rechtsquellen sind Gesetze, Durchführungsverordnungen, Rechtsverordnungen, Ministerial- und Kabinettsbeschlüsse, Gerichtsurteile und Gewohnheitsrecht.

Die allgemeine Gesetzgebungskompetenz liegt gemäß Art. 116 der Verfassung bei den einzelnen Emiraten. Alle ausdrücklich in der Verfassung normierten Kompetenzen obliegen dem Bund. Jedoch können die einzelnen Emirate gesetzgeberisch auch in diesen Bereichen tätig werden, solange diese noch nicht von einem Bundesgesetz geregelt sind, Art. 149, 151. Allerdings gibt es auch eine ausschließliche Gesetzgebungskompetenz des Bundes für einige Bereiche, wie bspw. Verteidigung oder Außenpolitik, Art. 120 f. der Verfassung. Im Falle eines Konflikts gilt das auch in Deutschland bekannte Prinzip: „Bundesrecht bricht Landesrecht".

Wirtschaftsrechtlich bedeutsame Gesetze wie das Zivilgesetzbuch (Bundesgesetz Nr. 5/1985), die Zivilprozessordnung (Bundesgesetz Nr. 42/2022) und das Handelsgesetzbuch (Bundesgesetz Nr. 50/2022) gelten ebenfalls bundeseinheitlich für sämtliche Emirate, da insoweit die Gesetzgebungskompetenz nach Art. 121 der Verfassung beim Bund liegt. Demgegenüber ist das Gewerbeerlaubnisrecht emiratsbezogen ausgestaltet.

Eine weitere Besonderheit besteht darin, dass in den Finanzfreihandelszonen (Dubai International Financial Centre (DIFC) und Abu Dhabi Global Market (ADGM)) Common Law gilt. Dieses sogenannte „Fallrecht" stützt sich nicht nur auf das Gesetz, sondern maßgeblich auf in der Vergangenheit ergangene richterliche Urteile als Präzedenzfälle.

Schließlich wird gewerbeerlaubnisrechtlich zwischen dem Mainland und den Freihandelszonen unterschieden (siehe hierzu unter Abschn. 2.1).

1.3.2 Gerichtssystem

Die VAE verfügen über ein gut ausgebautes, jedoch uneinheitliches Gerichtssystem, da die einzelnen Emirate durch die Verfassung ermächtigt sind, eigene unabhängige Gerichte zu schaffen. Von dieser Option haben u. a. die Emirate Abu Dhabi, Dubai und Ras Al Khaimah Gebrauch gemacht. Diejenigen Emirate, die keine eigenständige Gerichtsbarkeit geschaffen haben, unterliegen der föderalen Judikatur.

Zivilrechtliche Verfahren sind in einem dreistufigen Instanzenzug aufgebaut. Dieser besteht aus:

- dem erstinstanzlichen Gericht (Court of First Instance),
- einer Berufungsinstanz (Court of Appeal) und
- einer Revisionsinstanz (Court of Cassation (lokales Gerichtssystem) bzw. dem Federal Supreme Court (föderales Gerichtssystem)).

Alle Gerichte in den Emiraten sind für sämtliche zivil- und strafrechtlichen Belange zuständig. Ausnahmen bestehen lediglich für Zivilstreitigkeiten in den Finanzfreihandelszonen (DIFC und ADGM), da diese eigene Zivilgerichte unterhalten, die auch in prozessualer Hinsicht Common Law-Standards folgen.

Bei zivilrechtlichen Streitigkeiten besteht die Besonderheit darin, dass die Verfahren größtenteils auf Schriftsätzen basieren. Anstelle des mündlichen Parteivortrags spielen Sachverständige bei der Sachverhaltsermittlung eine wesentlich bedeutendere Rolle als in Europa. Außerdem haben die erstinstanzlichen Richter im Rahmen ihrer Rechtsprechung weitreichende Befugnisse und Ermessensspielräume bezüglich der konkreten Verfahrensleitung.

Die Höhe der Gerichtskosten wird zwar streitwertabhängig bemessen, ist in den jeweiligen Emiraten jedoch unterschiedlich geregelt. In den Emiraten Abu

Dhabi und Dubai gelten in der ersten Instanz mit einer Deckelung progressive Gerichtskosten abhängig vom Streitwert. Anwaltskosten sind nur begrenzt erstattungsfähig.

1.3.3 Streitentscheidung

1.3.3.1 Rechts- und Gerichtsstandsvereinbarungen

Grundsätzlich steht es den Parteien offen zu vereinbaren, welches Recht auf den Vertrag anzuwenden ist. Dementsprechend besteht die Möglichkeit, die vertragliche Beziehungen einer ausländischen Rechtsordnung zu unterwerfen.

Es gilt jedoch zu berücksichtigen, dass derjenige, der etwaige vertragliche Ansprüche ggf. vor einem emiratischen Gericht durchsetzen möchte und sich dabei auf ausländisches Recht beruft, eine arabische Übersetzung der einschlägigen Gesetze vorlegen und die behauptete Rechtslage – quasi wie eine Tatsache – darlegen muss. Dies ist in der Praxis oftmals nicht umsetzbar. Deshalb sollte im Fall der Rechtswahl zusätzlich stets eine Gerichtsstandsvereinbarung getroffen werden. So kann vermieden werden, dass Gerichte ausländisches Recht anwenden müssen.

Ausländische Gerichtsstandsvereinbarungen sind nach emiratischem Zivilprozessrecht zwischen zwei Unternehmen mit Sitz in den VAE nicht zulässig. Zwischen einem ausländischen und einem in den VAE ansässigen Unternehmen ist eine Gerichtsstandsvereinbarung – mit Ausnahme bei bestimmten Regelungsgegenständen – jedoch grundsätzlich möglich.

Sofern keine Rechts- bzw. Gerichtsstandsvereinbarung getroffen wurde, findet Internationales Privatrecht Anwendung. Dabei stellt das emiratische Kollisionsrecht – vorausgesetzt, die Parteien haben keinen gemeinsamen Wohnsitz in einem Staat – in der Regel auf das Recht am Ort des Vertragsschlusses ab, vgl. Art. 19 Abs. 1 des Zivilgesetzbuches.

1.3.3.2 Ordentliche Gerichtsbarkeit

In den Emiraten Abu Dhabi und Dubai kann in zivil- und wirtschaftsrechtlichen Verfahren, alternativ zu den lokalen Gerichten im Mainland die Zuständigkeit der Gerichte des DIFC bzw. des ADGM vertraglich vereinbart werden. Der Vorteil für ausländische Investoren besteht darin, dass die Gerichtssprache Englisch – anstelle von Arabisch – ist.

1.3.3.3 Schiedsverfahren

Schiedsgerichtsvereinbarungen sind gesetzlich zulässig. Gemäß Art. 4 Abs. 3 des Bundesgesetzes Nr. 6/2018 können sich die Vereinbarungen auch auf ausländische Schiedsgerichte beziehen. Die gängigsten Schiedsstellen in den VAE sind:

- Dubai International Arbitration Centre (DIAC)
- Abu Dhabi Commercial Conciliation and Arbitration Centre (ADCCAC)

1.3.3.4 Anerkennung ausländischer Schiedssprüche und Gerichtsurteile

Die Anerkennung ausländischer Schiedssprüche ist im Bundesgesetz Nr. 6/2018 geregelt. Zudem haben die VAE das UN-Übereinkommen von 1958 über die Anerkennung und Vollstreckung ausländischer Schiedssprüche (sog. New Yorker Übereinkommen) im Jahre 2006 ratifiziert. In der Praxis ist zu beobachten, dass die Vollstreckung von ausländischen Schiedssprüchen in den VAE häufig mit der Begründung eines Verstoßes gegen die öffentliche Ordnung (ordre public) abgelehnt wird.

Die Anerkennung und Vollstreckung ausländischer Gerichtsurteile in den VAE ist ausgesprochen problematisch. Solche sind weiterhin nur im Rahmen von bilateralen Staatsverträgen anerkennungs- und vollstreckungsfähig. Allerdings besteht derzeit kein entsprechender Staatsvertrag zwischen Deutschland und den VAE, sodass aufgrund der fehlenden Verbürgung der Gegenseitigkeit deutsche Urteile in den VAE – sowie umgekehrt – nicht vollstreckbar sind.

Investitionsrechtliche Rahmenbedingungen

2

2.1 Unterscheidung zwischen Mainland und Freihandelszonen

Die VAE werden von ausländischen Investoren oftmals als Investitionshub für die MENA-Region, Ostafrika (Kenia, Äthiopien, Tansania, Uganda etc.) und Südasien (Indien, Bangladesch, Pakistan, Nepal und Sri Lanka) genutzt.

Die VAE sind gewerbeerlaubnisrechtlich in zwei differenziert voneinander zu betrachtende Gebiete unterteilt. Zum einen in das Festland (sog. Mainland) und zum anderen in eine Vielzahl von Freihandelszonen (Free Zones) unter Einschluss der beiden Finanzfreihandelszonen (DIFC und ADGM). Das Festland und die verschiedenen Freihandelszonen unterscheiden sich nicht nur in geografischer, sondern auch in rechtlicher Hinsicht.

2.1.1 Mainland

In den VAE galt bis vor Kurzem ausnahmslos der Grundsatz der lokalen Beteiligung im Mainland. Nach diesem Grundsatz konnten ausländische Investoren im Mainland der VAE höchstens 49 % der Anteile an einer Mainland-Kapitalgesellschaft halten und sich insofern nur als Minderheitsgesellschafter beteiligen. Dieser Grundsatz wurde in den vergangenen Jahren nach und nach aufgeweicht.

Ende des Jahres 2021 veröffentlichten die Investitionsbehörden der einzelnen Emirate Listen mit kommerziellen Aktivitäten (in Dubai ca. 1000 Aktivitäten und in Abu Dhabi ca. 3000 Aktivitäten), bei denen eine 100 %-ige Beteiligung ausländischer Investoren möglich ist. Es muss daher immer einzelfallbezogen geprüft

© Der/die Autor(en), exklusiv lizenziert an Springer Fachmedien Wiesbaden GmbH, ein Teil von Springer Nature 2023
C. Frank-Fahle und M. Trost, *Markteinstieg in den Vereinigten Arabischen Emiraten*, essentials, https://doi.org/10.1007/978-3-658-42767-2_2

werden, ob für die angestrebte kommerzielle Aktivität eine Ausnahme von dem
Grundsatz der lokalen Beteiligung besteht oder ein lokaler Partner hinzugezogen
werden muss.

Soweit eine Gesellschaft mit einem lokalen Partner zu gründen ist, der aufgrund der gesetzlichen Vorgaben mindestens 51 % der Anteile halten muss,
greifen die Parteien in der Regel auf Nebenabreden (Side Agreement) zurück.
In diesen wird vereinbart, dass der lokale Partner die Geschäftsanteile lediglich
treuhänderisch gegen ein minimales Dividendenbezugsrecht bzw. eine jährliche
Gebühr hält und sämtliche Stimmrechte im Sinne des ausländischen Partners ausübt. Auch wenn derartige Strukturen in der Praxis überwiegend genutzt werden,
darf dies nicht darüber hinwegtäuschen, dass diese nicht im Einklang mit dem
emiratischen Recht stehen und eine Umgehung der gesetzlichen Vorgaben darstellen können. Es muss daher stets im Einzelfall geprüft werden, wie sich die
Risiken derartiger Strukturen bestmöglich limitieren lassen bzw. ob alternative
Strukturierungsmöglichkeiten bestehen.

2.1.2   Freihandelszonen

Investoren können alternativ ein Unternehmen in einer der Freihandelszonen
gründen. Freihandelszonen sind Sonderwirtschaftszonen, die oftmals eigenen
Gesetzen unterliegen und gegenüber dem Mainland gewisse Freiheiten genießen.
Innerhalb der Freihandelszonen gibt es Differenzierungen bezüglich der kommerziellen Aktivitäten: Während einige Freihandelszonen keine Einschränkungen
hinsichtlich möglicher Aktivitäten vorsehen und jedem Unternehmen offenste-
hen, sind andere Freihandelszonen wiederum auf konkrete Aktivitäten beschränkt
bzw. auf bestimmte Branchen ausgerichtet (wie bspw. die Finanzfreihandelszonen
DIFC und ADGM oder die Dubai Internet City, in der Software und Technolo-
gieunternehmen angesiedelt sind). Wie im Mainland benötigen Unternehmen zur
Ausübung ihrer Aktivitäten eine jährlich zu erneuernde Lizenz, welche von der
jeweiligen Freihandelszonenbehörde erteilt wird.

Einer der Hauptunterschiede der Freihandelszonen zum Mainland ist der Verzicht auf das Erfordernis eines lokalen Partners (vollständige Ausnahme vom
Grundsatz der lokalen Beteiligung). Insofern kann die Gesellschaft in der Freihandelszone zu 100 % von ausländischen Gesellschaftern gehalten werden.
Zusammenfassend sprechen u. a. folgende Aspekte für Freihandelszonen:

• Ausländer können 100 % der Geschäftsanteile halten
• Zollbefreiung (in diversen, auf den Handel ausgerichteten Freihandelszonen)

- Gewinnrepatriierung
- Körperschaftsteuerbefreiung bei Erfüllung der gesetzlichen Vorgaben
- Zentrale Abwicklung sämtlicher Verwaltungsvorgänge durch die Freihandelszonenbehörde (One Stop Shop)
- Befreiung von Emiratisierungsvorgaben (Pflicht zur Einstellung von emiratischen Arbeitnehmern)

Es ist jedoch zu berücksichtigen, dass Unternehmen, die in einer Freihandelszone ansässig sind, in ihrem geschäftlichen Aktionsradius eingeschränkt sind. So dürfen Gesellschaften und Niederlassungen grundsätzlich nur innerhalb der räumlichen Grenzen der jeweiligen Freihandelszone und über die Grenzen der VAE hinaus wirtschaftlich tätig werden. Soweit kommerzielle Aktivitäten im Mainland der VAE ausgeübt werden sollen, ist dies grundsätzlich nur mit einer Gewerbeerlaubnis für das Mainland möglich. Hierzu ist die Errichtung einer Niederlassung der Gesellschaft im Mainland erforderlich. Die Gewerbeerlaubnis des Freihandelszonen-Unternehmens erlaubt keine direkte Tätigkeit im Mainland der VAE. In zoll- und einfuhrtechnischer Hinsicht gelten die Unternehmen in den auf den Handel ausgerichteten Freihandelszonen trotz ihrer geografischen Lage innerhalb der VAE als „im Ausland" befindliche Unternehmen.

Seit Ende 2017 gibt es eine Kooperation zwischen einzelnen Freihandelszonenbehörden und der Investitionsbehörde des Mainlands der VAE in Dubai (Department of Economy & Tourism). Insofern besteht für Unternehmen in bestimmten Freihandelszonen die Möglichkeit, ihr Geschäft auf das Mainland auszudehnen, ohne dafür ein Büro im Mainland anmieten zu müssen (sog. Dual License). Zusätzlich zu ihrer Freihandelszonengewerbeerlaubnis muss das Unternehmen lediglich eine Gewerbeerlaubnis für das Mainland erwerben, was den Zeit- und Kostenaufwand erheblich reduziert.

Die große Mehrheit der Freihandelszonen befindet sich im Emirat Dubai. Zu den bedeutsamsten der dort ansässigen Freihandelszonen gehören die Jebel Ali Free Zone, Dubai Airport Free Zone und das Dubai International Finance Center. Folgende Auflistung dient als Überblick einiger Freihandelszonen:

- Abu Dhabi Global Market (ADGM) www.adgm.com
- Dubai Airport Free Zone www.dafz.ae
- Dubai Design District www.dubaidesigndistrict.com
- Dubai Healthcare City www.dhcc.ae
- Dubai Industrial City www.dubaiindustrialpark.ae
- Dubai International Academic City www.diacdu.ae
- Dubai International Financial Centre (DIFC) www.difc.ae

- Dubai Internet City www.dic.ae
- Dubai Knowledge Village www.dkp.ae
- Dubai Media City www.dmc.ae
- Dubai Multi Commodities Centre www.dmcc.ae
- Dubai Outsource Zone www.dubaioutsourcecity.ae
- Dubai Production City www.dpc.ae
- Dubai Science Park www.dsp.ae
- Dubai Silicon Oasis www.dsoa.ae
- Dubai South www.dubaisouth.ae
- Dubai Studio City www.dubaistudiocity.ae
- Gold and Diamond Park Free Zone (Dubai) www.goldanddiamondpark.com
- International Free Zone Authority (IFZA – Dubai) www.ifza.com
- Jebel Ali Free Zone (Dubai) www.jafza.ae
- Khalifa Industrial Zone Abu Dhabi (KIZAD) www.kezadgroup.com
- Masdar City Free Zone (Abu Dhabi) www.masdarcityfreezone.com
- Meydan Free Zone (Dubai) www.meydanfz.ae

2.2 Handelsvertreterrecht

Für den Markteintritt gibt es verschiedene Intensitätsstufen. Der Exportvertrag bildet dabei die Stufe mit der geringsten Intensität. Ist die Registrierung einer Repräsentanz bzw. Niederlassung oder Gründung eines Unternehmens in den VAE (vorerst) nicht gewünscht, kommt die Zusammenarbeit mit einem Eigenhändler bzw. Handelsvertreter in Betracht.

Im Dezember 2022 wurde das neue Handelsvertretergesetz (Bundesgesetz Nr. 3/2022 – Commercial Agency Law) erlassen. Es hebt das vormals geltende Bundesgesetz Nr. 18/1981 auf.

Ursprünglich konnten Handelsvertreter ausschließlich emiratische Staatsangehörige oder Gesellschaften sein, die zu 100 % von Staatsangehörigen der VAE gehalten wurden. Inzwischen erlaubt das neue Gesetz internationalen Unternehmen, die sich nicht im Eigentum von Staatsangehörigen der VAE befinden, unter Erfüllung besonderer Anforderungen als Handelsvertreter für ihre eigenen Produkte aufzutreten. Auch regelt das Gesetz, dass der Handelsvertretervertrag in beiderseitigem Einverständnis bereits vor Ablauf der Laufzeit beendet werden kann. Dies war nach altem Recht oftmals problematisch, weil der Handelsvertretervertrag nach behördlicher Registrierung nur unter erschwerten gesetzlichen Bedingungen kündbar war.

Grundsätzlich müssen Handelsvertretungen (samt zugrunde liegendem Handelsvertretervertrag) weiterhin beim Wirtschaftsministerium (Ministry of Economy) registriert werden. Mit der Registrierung unterliegen die Parteien dem Bundesgesetz Nr. 3/2022.

2.3 Gesellschaftsrechtliche Rahmenbedingungen

Möchten sich Investoren mit einem eigenen „Footprint" in den VAE engagieren, kommen mehrere Möglichkeiten in Betracht.

* Repräsentanz (Representative Office)
* (Zweig-)Niederlassung (Branch)
* Gesellschaft, in der Regel in Form einer Kapitalgesellschaft
* Offshore-Gesellschaft

2.3.1 Repräsentanz (Representative Office)

Eine Repräsentanz (Representative Office) kann sowohl im Mainland als auch in einer Freihandelszone registriert werden.

Bei einer Repräsentanz handelt es ich um eine Organisationseinheit des Unternehmens, welche sich räumlich von diesem getrennt befindet. Repräsentanzen haben keine eigene Rechtspersönlichkeit. Ihr Aktionsradius ist auf vorbereitende bzw. unterstützende Maßnahmen beschränkt, wie bspw. die Durchführung von Marktforschung, Marketing, Kundenberatung, Überwachung und Unterstützung von Handelsvertretern (Art. 339 Abs. 1 Bundesgesetz Nr. 32/2021 – Commercial Companies Law). Die Ausübung wirtschaftlicher Aktivitäten ist untersagt. Repräsentanzen können insoweit keinen Umsatz generieren.

Eine Repräsentanz kann maximal vier ausländische Mitarbeiter anstellen.

Ungeachtet der Einschränkung der geschäftlichen Entfaltungsmöglichkeit und der Begrenzung der Mitarbeiteranzahl kann die Repräsentanz für die Marktevaluierung bzw. Unterstützung von Sales Channel Partnern ein geeignetes Vehikel darstellen.

2.3.2 (Zweig-)Niederlassung (Branch)

Als eine weitere Vorstufe zur Gründung einer eigenständigen Gesellschaft kommt die Errichtung einer (Zweig-)Niederlassung (Branch) in Betracht. Eine Niederlassung ist ebenfalls eine örtlich von der Hauptniederlassung getrennte, rechtlich jedoch unselbstständige Betriebsstätte, welche mit eigenen Kompetenzen ausgestattet ist. Aufgrund der Unselbstständigkeit einer Branch ist es ihr jedoch nicht möglich, weitere Gesellschaften oder Niederlassungen zu gründen.

Ihr Aktivitätsradius ist größer als der einer Repräsentanz, aber kleiner als der einer eigenständigen Gesellschaft. Eine Branch im Mainland kann nur diejenigen kommerziellen Aktivitäten ausüben, die die Muttergesellschaft im jeweiligen Heimatland ausüben darf. Maßgeblich ist der im Handelsregister bzw. in der Satzung wiedergegebene Unternehmensgegenstand. Die Muttergesellschaft muss in dem jeweiligen Geschäftsfeld über einen Mindestzeitraum von zwei Jahren aktiv gewesen sein. Bei bestimmten Aktivitäten können auch längere Fristen gelten. In jedem Fall darf die Branch nur diejenigen Aktivitäten ausüben, für die eine Gewerbeerlaubnis eingeholt worden ist. Ausgenommen sind stets Handelsaktivitäten. Diese sind ausschließlich Gesellschaften vorbehalten.

Eine Branch kann auch in einer Freihandelszone registriert werden.

Vor dem Hintergrund, dass mit einer Branch verhältnismäßig viele Geschäftsaktivitäten abgedeckt werden können und keine lokale Beteiligung erforderlich ist, war diese Niederlassungsform insbesondere bei unterstützenden Tätigkeiten (ohne Einschränkung in Bezug auf die Mitarbeiteranzahl) oftmals eine präferierte Option. Mit der Einführung der Körperschaftsteuer wird es allerdings vermehrt zu Abgrenzungsfragen zwischen Stammhaus und Niederlassung kommen. Dies wird den Verwaltungsaufwand nicht unwesentlich erhöhen, was im Ergebnis gegen die Attraktivität der Branch spricht.

Verantwortlich und haftbar für die Tätigkeiten der Branch ist im vollen Umfang die Muttergesellschaft. Dies folgt aus dem Umstand, dass die Branch kein eigenständiges Rechts- und Haftungssubjekt ist. Für Handlungen der Branch bzw. ihrer Vertreter ist somit die Muttergesellschaft im Wege einer sog. Durchgriffshaftung unmittelbar haftbar.

2.3.3 Gesellschaft

In der Praxis greifen Investoren sowohl im Mainland als auch in Freihandelszonen häufig auf die Kapitalgesellschaft als Investitionsvehikel zurück. Der Vorteil der Kapitalgesellschaftsgründung liegt u. a. darin, dass Handelsaktivitäten ausgeführt werden können und keine steuerlichen Abgrenzungsfragen wie bei der Niederlassung (Branch) bestehen.

Im Mainland wird die Limited Liability Company (LLC) in der Regel als Rechtsform gewählt. In den Freihandelszonen bilden die Free Zone Company (FZCO), die Free Zone Limited Liability Company (FZ-LLC) bzw. das Free Zone Establishment (FZE) das Pendant zur LLC im Mainland. Bei diesen vier Rechtsformen handelt es sich um in ihrer Haftung beschränkte Kapitalgesellschaften, die im Wesentlichen mit der GmbH nach deutschem Recht vergleichbar sind.

2.3.3.1   Rechtsgrundlagen

Das Gesellschaftsrecht der VAE (Commercial Companies Law) regelt in den Art. 71 bis 104 die LLC (u. a. die Gründung, Verwaltung und Betrieb) und gilt grundsätzlich auch für die Freihandelszonen, soweit diese nicht über ein eigenes Gesellschaftsrecht verfügen (Art. 5 Abs. 1), wie bspw. die Finanzfreihandelszone DIFC (DIFC Companies Law – DIFC Law No. 5/2018). Es bestehen zudem Sonderregelungen für ausländische Unternehmen in den Art. 335 bis 339 des Commercial Companies Law.

Im Vorfeld der Gesellschaftsgründung sollten sich Investoren daher über mögliche Abweichungen zum Commercial Companies Law bzw. den anderen Rechtsgrundlagen informieren.

2.3.3.2   Gesellschaftsgründung

2.3.3.2.1 Gesellschafter

Die Gesellschaft kann mit nur einem oder mehreren Gesellschaftern (bis zu 50 Gesellschafter) gegründet werden (Art. 71 Commercial Companies Law).

2.3.3.2.2 Bestimmung des Firmennamens

Noch vor der eigentlichen Gründungsphase wird als erster Schritt ein Firmenname gewählt (sog. Trade Name Reservation). Generell ist nur ein Name zulässig, der nicht gegen die öffentliche Ordnung des Staates verstößt oder mit einem bereits eingetragenen Namen verwechselt werden könnte (Art. 12 Abs. 1 Commercial Companies Law). Eine spätere Änderung des Gesellschaftsnamens ist grundsätzlich möglich (Art. 12 Abs. 2 Commercial Companies Law). Hinter dem Firmennamen muss zwingend die Rechtsform der Gesellschaft aufgeführt werden (Art. 12 Abs. 1 Commercial Companies Law).

Für die LLC muss sich der Name aus dem Unternehmensgegenstand oder aus dem Namen der jeweiligen Partner ableiten. Weiter muss auf den Namen der Gesellschaft die Bezeichnung Limited Liability Company oder kurz LLC folgen

(Art. 72 Abs. 1 Commercial Companies Law). Wird gegen diese Bestimmung verstoßen, haften die Geschäftsführer persönlich für die Verpflichtungen ihrer Gesellschaft (Art. 72 Abs. 2 Commercial Companies Law).

2.3.3.2.3 Satzung der Gesellschaft

Gemäß Art. 73 und 42 Commercial Companies Law muss eine Satzung (Memorandum of Association) bei der Investitionsbehörde (z. B. Department for Economy and Tourism (DET) in Dubai oder Department of Economic Development (DED) in Abu Dhabi) oder der jeweiligen Freihandelszonenbehörde eingereicht und registriert werden. Freihandelszonen bieten in der Regel standardbasierte Satzungen an, die verwendet werden können.

Die Satzung muss folgende Angaben enthalten:

- vollständiger Name, Nationalität, Geburtsdatum und Wohnsitz jedes Gesellschafters
- Name, Anschrift sowie Zweck der Gesellschaft
- Hauptsitz der Gesellschaft
- Registriertes Stammkapital
- Datum der Gründung und Dauer bzw. Datum der Beendigung der Gesellschaft (falls zeitlich limitiert)
- Vertreter der Gesellschaft und Umfang ihrer Vollmacht
- Geschäftsjahr
- Prozentsatz der Verteilung von Gewinnen und Verlusten
- Bedingungen für die Übertragung von Gesellschaftsanteilen
- sofern der/die Geschäftsführer bereits bekannt ist/sind: Name, Nationalität, Wohnsitz und Befugnisse jedes Geschäftsführers

Der Gesellschaftsvertrag einer im Mainland ansässigen Gesellschaft muss vor einem Notar unterzeichnet werden. Erst dann entfaltet er gegenüber Dritten Rechtskraft. Zwar erlaubt das emiratische Gesellschaftsrecht einen gewissen Spielraum in Bezug auf die Ausgestaltung der Satzung. Die Erfahrung zeigt allerdings, dass insbesondere bei den Notaren im Falle von signifikanten Änderungen der „Standardsatzung" die Bereitschaft zur notariellen Beurkundung einer Satzung erheblich sinkt. Daher ist der Gestaltungsspielraum in der Praxis stark limitiert.

Die Erteilung der Gewerbeerlaubnis mit der Ausstellung einer sog. Commercial License bildet den Abschluss der Registrierung der Gesellschaft, sodass diese ihre wirtschaftliche Tätigkeit aufnehmen kann. Vor diesem Zeitpunkt ist eine Ausübung kommerzieller Tätigkeiten nicht gestattet.

2.3.3.2.4 Registriertes Stammkapital

Im Gegensatz zur deutschen GmbH (Stammkapital 25.000 EUR) sieht das emiratische Gesellschaftsrecht keine Vorgaben für das gesellschaftsrechtliche Mindestkapital vor. Einzige gesetzliche Vorgabe ist, dass die Gesellschaft über so viel Kapital verfügen muss, dass ihr Geschäftszweck erreicht werden kann (Art. 76 Abs. 1 Commercial Companies Law). Darüber hinaus können sich aus der Verwaltungspraxis Mindestkapitalvoraussetzungen in Bezug auf einzelne kommerzielle Aktivitäten ergeben.

Das Kapital kann als Bareinlage und/oder als Sachanlage geleistet werden. Das Kapital ist zeitnah nach Gründung der Gesellschaft zu leisten. Die Bareinlagen werden bei einer Bank hinterlegt, was mitunter zu Problemen führen kann, weil es in der Bankenpraxis in der Vergangenheit zu langen Kontoeröffnungsprozessen gekommen ist. Dies hängt vornehmlich mit strengeren Compliance-Anforderungen der Banken zusammen und gilt in verstärktem Maße für mehrstöckige Gesellschafterstrukturen, an denen aus emiratischer Sicht unbekannte Rechtsformen (bspw. GmbH & Co. KG, Stiftungen, usw.) beteiligt sind. Im Übrigen fordern einige Banken notariell beglaubigte Reisepasskopien der wirtschaftlich berechtigten Personen (Ultimate Beneficial Owner).

2.3.3.3 Geschäftsleitung

Die Leitung einer LLC kann einem oder mehreren Geschäftsführern durch Ernennung der jeweiligen Personen im Gesellschaftsvertrag übertragen werden (Art. 83 Abs. 1 Commercial Companies Law).

Geschäftsführer haben die Befugnisse und Funktionen, welche im Anstellungsvertrag (Vertrag über die Ernennung zum Geschäftsführer) bzw. in der Satzung (d. h. im Gesellschaftsvertrag) festgelegt sind. Geschäftsführer können dadurch berechtigt werden, die vollen Befugnisse zur Führung der Gesellschaft auszuüben. Im Rahmen ihrer Befugnisse haben sie die Interessen der Gesellschaft zu wahren und müssen bei ihren Handlungen stets die Sorgfalt einer umsichtigen Person ausüben (Art. 22 und 83 Abs. 2 Commercial Companies Law).

Im Außenverhältnis, insbesondere wenn die Gesellschaft mit Behörden im Austausch steht, wird in der Regel eine notariell beglaubigte Vollmacht vorausgesetzt. Diese kann in Form einer notariellen Vollmacht (Power of Attorney) vorliegen bzw. durch die Satzung festgelegt werden. Es gilt zu beachten, dass in Vollmachten in den VAE bisweilen jede einzelne Handlung bzw. jedes Geschäft explizit aufgeführt werden muss. Eine Generalvollmacht stellt also keine gängige Vollmachtsform dar.

Eine weitere Besonderheit besteht darin, dass das Amt des Geschäftsführers in der Regel erst mit der Ernennung eines neuen Geschäftsführers endet, der in die Gewerbeerlaubnis eingetragen wird. Insoweit ist ein sog. Geschäftsführerabberufungs- und -neubestellungsbeschluss erforderlich.

2.3.3.4 Dividenden

Gesetzlich bestehen keine Begrenzungen Dividendenbezugsrechte abweichend von der Gesellschafterstruktur zu behandeln. Es steht den Gesellschaftern somit grundsätzlich frei, ein von den Gesellschaftsanteilen abweichendes Gewinnausschüttungsverhältnis zu bestimmen. In praktischer Hinsicht gilt jedoch die Einschränkung, dass Notare in Bezug auf die Gewinnbeteiligung von emiratischen Investoren Grenzen setzen. Demnach können 80 % der Dividendenbezugsrechte dem ausländischen Minderheitsanteilseigner (49 %) zugesprochen werden. In einigen Emiraten sind sogar höhere Anteile möglich.

Im Übrigen besteht die Verpflichtung, dass eine LLC 5 % ihres Jahresüberschusses als Rücklage einbehält. Diese Verpflichtung entfällt, sobald die Rücklage die Hälfte des registrierten Stammkapitals erreicht hat, sodass ab diesem Zeitpunkt der vollständige Gewinn als Dividende ausgeschüttet werden kann (Art. 103 Commercial Companies Law).

2.3.3.5 Haftung

Haftungstechnisch ist zwischen der Haftung der Gesellschaft an sich, der Gesellschafter, der Geschäftsführer und des Aufsichts- bzw. Verwaltungsrats zu unterscheiden:

Nach Erteilung der Commercial License und Eintragung in das National Economic Register (eine Art Handelsregister) ist die Gesellschaft rechtlich selbstständig (Art. 21 Abs. 1 Commercial Companies Law). Sie kann insofern eigene Rechte und Pflichten begründen, am Rechtsverkehr teilnehmen und selbst klagen bzw. verklagt werden (Art. 21 Abs. 2 Commercial Companies Law).

Sofern das Stammkapital eingezahlt worden ist, ist die Haftung der LLC auf das Gesellschaftsvermögen begrenzt, sodass das Privatvermögen der Gesellschafter aufgrund der beschränkten Haftung nicht berührt wird.

Die Gesellschafter haften grundsätzlich nur im Umfang ihrer eingebrachten Anteile (Art. 71 Abs. 1 Commercial Companies Law). Allerdings hat der Dubai Court of Cassation in seinen Urteilen Ausnahmen von diesem Grundsatz zugelassen. Sofern bestimmte außergewöhnliche und besondere Umstände vorliegen, deren Beurteilung im Ermessen des Gerichts steht, kann die Haftung auf das Privatvermögen der Gesellschafter erweitert werden. Eine solche Ausnahme besteht in der Regel, wenn ein Gesellschafter satzungswidrige Handlungen begeht (bspw. Betrug oder einen schwerwiegenden Verstoß gegen die Satzung), die zu Schäden aufseiten der Gesellschaft, der anderen Gesellschafter oder Gläubiger führen.

Geschäftsführer haften gegenüber der Gesellschaft, den Gesellschaftern und Dritten persönlich für betrügerische Handlungen (Art. 84 Abs. 1 Commercial Companies Law). In zivilrechtlicher Hinsicht muss der Geschädigte die eingetretenen Schäden sowie mindestens fahrlässiges Handeln des Geschäftsführers nachweisen.

Im Falle eines fakultativ eingerichteten Aufsichts- bzw. Verwaltungsrats (Supervisory Board) haften deren Mitglieder nicht für das Handeln der Geschäftsführer bzw. den daraus resultierenden Folgen, es sei denn die Mitglieder wussten von den begangenen Fehlern und haben es unterlassen, diese in ihrem Bericht, welcher der Generalversammlung vorgelegt wird, anzugeben (Art. 90 Commercial Companies Law).

2.3.3.6 Buchführungspflichten und Jahresabschluss

Jedes Unternehmen hat Buch zu führen und seine Buchhaltungsunterlagen für mindestens fünf Jahre ab Jahresabschluss an seinem Niederlassungssitz aufzubewahren (Art. 26 Commercial Companies Law). Zudem müssen LLCs eine jährliche Abschlussprüfung vornehmen lassen (Art. 27 und 102 Commercial Companies Law).

2.3.4 Offshore-Gesellschaften

Schließlich ist es auch möglich, eine sog. Offshore-Gesellschaft zu gründen. In den VAE ansässige Offshore-Gesellschaften (auch International Company oder International Business Company genannt) sind Kapitalgesellschaften, die grundsätzlich außerhalb der VAE, aber nicht im Staatsgebiet oder in der Freihandelszone, in der sie angesiedelt sind, Geschäftstätigkeiten entfalten dürfen. Offshore-Gesellschaften dienen im Wesentlichen der Aufrechterhaltung der Anonymität der Gesellschafter. Derzeit können Offshore-Gesellschaften in den Emiraten Dubai (Jebel Ali Free Zone) und Ras Al Khaimah (RAK International Corporate Centre (RAK ICC)) gegründet werden.

Rechtsgrundlagen sind die jeweiligen Offshore-Regularien der Freihandelszonenbehörden, wonach Offshore-Gesellschaften die Rechtsform einer „Limited" haben.

Offshore-Gesellschaften müssen in beiden möglichen Freihandelszonen grundsätzlich einen sog. Registered Agent ernennen (Art. 32 JAFZA Offshore Companies Regulations of 2018). Registered Agents können grundsätzlich alle in den VAE niedergelassenen Unternehmen sein. Voraussetzung ist jedoch eine

Zulassung des Unternehmens als Registered Agent durch die jeweilige Freihandelszonenbehörde. Registered Agents handeln in ihrer Funktion als Schnittstelle und Ansprechpartner zwischen der Freihandelszonenbehörde und dem Investor (u. a. als Zustellungsbevollmächtigte). Die Leistungen des Agenten sind zu vergüten. Unterhält die Gesellschaft in den VAE Büroräume, ist die Offshore-Gesellschaft allerdings von dem Erfordernis der Einschaltung eines Registered Agent befreit. Offshore-Gesellschaften unterliegen ferner keinem Mindestkapitalerfordernis und können von einem oder mehreren Gesellschaftern gegründet werden.

2.4   Freihandelsabkommen

Freihandelsabkommen sind völkerrechtliche Verträge, die den freien Handel zwischen den Vertragsstaaten gewährleisten. In erster Linie geschieht dies durch den Verzicht auf Handelshemmnisse (Zöllen, Exportbeschränkungen, Importquoten oder entsprechende nationale Normen und Standards). Neuerdings werden oftmals auch andere staatliche Eingriffe (bspw. Subventionen, Beteiligungen an Unternehmen oder Wirtschaftssektoren) Bestandteil von Freihandelsabkommen (Tab. 2.1).

2.5   Investitionsschutzabkommen

Die VAE haben mit einer Vielzahl von Staaten sog. Investitionsschutzabkommen abgeschlossen. Bei diesen Verträgen handelt es sich um völkerrechtliche Abkommen zwischen zwei (bilateral) oder mehreren (multilateral) Staaten. Hintergrund solcher Investitionsschutzabkommen ist die Verbesserung des (Rechts-)Schutzes für ausländische Investoren im Gaststaat. Insbesondere schützen die Abkommen vor politischen Risiken, d. h. vor Maßnahmen oder Entscheidungen, die vom Gaststaat ausgehen und eine beeinträchtigende Wirkung auf die Investitionen entfalten. Neben Regelungen zum (persönlichen) Anwendungsbereich weisen derartige Abkommen einerseits materielle Regelungen, die den Schutzumfang für ausländische Investitionen konkretisieren, und andererseits prozessuale Vorschriften auf, die die Durchsetzung von materiellen Schutzvorschriften im Konfliktfall regeln. Mithin ist von einem materiellen und prozessualen Investitionsschutz zu sprechen.

Die VAE haben u. a. mit der Bundesrepublik Deutschland, der Schweiz und Österreich bilaterale Investitionsschutzabkommen abgeschlossen (Tab. 2.2).

Tab. 2.1 Freihandelsabkommen (Vereinigte Arabische Emirate)

Nr.	Abkommen	Unterzeichnungsdatum	Inkrafttreten
1	Golf-Kooperationsrat (GCC) Mitgliedstaaten: Bahrain, Katar, Kuwait, Oman, Saudi-Arabien und VAE	25.05.1981	25.05.1981
2	Greater Arab Free Trade Area (GAFTA) Mitgliedstaaten: Algerien, Ägypten, Bahrain, Irak, Jemen, Jordanien, Katar, Kuwait, Libanon, Libyen, Marokko, Oman, Palästina, Saudi-Arabien, Sudan, Syrien, Tunesien und VAE	19.02.1997	01.01.1998
3	Freihandelsabkommen zwischen dem Golf-Kooperationsrat und den European Free Trade Association (EFTA) Staaten (GCC-EFTA-FTA)	22.06.2009	01.07.2014
4	GCC-Singapore Free Trade Agreement (GSFTA)	15.12.2008	01.01.2015
5	Indien (Comprehensive Economic Partnership Agreement – CEPA)	18.02.2022	01.05.2022
6	Israel	31.05.2022	01.04.2023
7	Indonesien	01.07.2022	Noch nicht in Kraft getreten
8	Arabisches Rahmenabkommen zur Liberalisierung des Dienstleistungsverkehrs zwischen den arabischen Ländern (The Arab Framework Agreement of Liberalization of Trade in Services Among Arab Countries)	Keine Angabe	Keine Angabe

(Fortsetzung)

Tab. 2.1 (Fortsetzung)

Nr.	Abkommen	Unterzeichnungsdatum	Inkrafttreten
9	Abkommen zur Erleichterung und Entwicklung des Handels zwischen den arabischen Ländern (von der Arabischen Liga) (Agreement to Facilitate and Develop Trade Among Arab Countries (by the Arab League))	Keine Angabe	Keine Angabe
10	Abkommen über den Handel mit Dienstleistungen zwischen den arabischen Ländern (Agreement on Trade in Services among the Arab Countries)	Keine Angabe	Keine Angabe

Tab. 2.2 Ausgewählte Investitionsschutzabkommen (Vereinigte Arabische Emirate)

Land	Unterzeichnungsdatum	Inkrafttreten
Deutschland	21.06.1997	02.07.1999
Schweiz	03.11.1998	16.08.1999
Österreich	17.06.2001	01.12.2003

Steuerliche Rahmenbedingungen 3

Eine Einkommensteuer wird weder auf Bundes- noch auf Emiratsebene erhoben. Viele Jahre wurden auch die Gewinne von Unternehmen nicht besteuert. Dies hat sich ab dem 01.06.2023 geändert, da die VAE ein föderales Körperschaftsteuersystem einführt haben (mit Ausnahme der Besteuerung von Gewinnen im Öl- und Gassektor auf Emiratsebene).

3.1 Einkommensteuer

Bislang wird in den VAE keine Einkommensteuer für natürliche (inländische oder ausländische) Personen erhoben. Phasenweise wurde die Einführung einer persönlichen Einkommensteuerpflicht diskutiert, jedoch gibt es derzeit keine Bestrebungen, eine Einkommensteuer in den VAE zu implementieren.

Wenn auch vonseiten der VAE das persönliche Einkommen nicht besteuert wird, sollten im Hinblick auf Mitarbeiterentsendungen in die VAE einige Problemfelder beachtet werden. So besteht im Falle der Beibehaltung eines (steuerlichen) Wohnsitzes in Deutschland das Risiko einer Besteuerung im Heimatland. Vor diesem Hintergrund ist entscheidend, ob der eingesetzte Mitarbeiter weiterhin mit seinem Welteinkommen (inländische sowie ausländische und damit Einkünfte aus den VAE) in Deutschland unbeschränkt steuerpflichtig ist (vgl. § 1 Abs. 1 Nr. 1 EStG). Für die unbeschränkte Steuerpflicht bedarf es eines (steuerlichen) Wohnsitzes (§ 8 AO) oder eines gewöhnlichen Aufenthalts (§ 9 AO) in Deutschland. Die Erfahrung zeigt, dass vielfach die Fehlvorstellung herrscht, der steuerliche Wohnsitz werde mit der behördlichen Abmeldung beim entsprechenden Einwohnermeldeamt aufgegeben. Die öffentlich-rechtliche Abmeldung hat jedoch nur Indizwirkung. Entscheidend ist vielmehr, ob die Verfügungsgewalt über die Wohnung aufgegeben wird.

© Der/die Autor(en), exklusiv lizenziert an Springer Fachmedien Wiesbaden GmbH, ein Teil von Springer Nature 2023
C. Frank-Fahle und M. Trost, *Markteinstieg in den Vereinigten Arabischen Emiraten*, essentials, https://doi.org/10.1007/978-3-658-42767-2_3

Bei einer Aufgabe des steuerlichen Wohnsitzes in Deutschland sind im Übrigen die Regelungen des Außensteuergesetzes (AStG) zu beachten. Insbesondere die Rechtsfolgen der sog. Wegzugsbesteuerung (§ 6 AStG) und der erweiterten beschränkten Steuerpflicht (§ 2 AStG) knüpfen an die Aufgabe des Steuerwohnsitzes in Deutschland an. Beiden Besteuerungsvorgängen liegt der Gedanke zugrunde, dass dem deutschen Fiskus durch die Aufgabe des Steuerwohnsitzes in Deutschland bzw. die Begründung eines neuen Steuerwohnsitzes in einem Niedrigsteuerland (VAE) Steuersubstrat verlorengeht. Die Wegzugsbesteuerung und die erweiterte beschränkte Steuerpflicht sollen insoweit einen angemessenen Ausgleich schaffen.

Das Doppelbesteuerungsabkommen (DBA) zwischen Deutschland und den VAE ist am 31.12.2021 abgelaufen und wurde nicht verlängert.

3.2 Körperschaftsteuer

Bislang wurde eine Körperschaftsteuer nur auf Gewinne von Unternehmen in bestimmten Sektoren und auf Emiratsebene erhoben. So können bspw. Gesellschaften, die unmittelbar in der Förderung und Verarbeitung von Öl, Gas und petrochemischen Produkten tätig sind, sowie in- und ausländische Banken einer emiratsbezogenen Körperschaftsteuer unterfallen.

Zum 01.06.2023 wurde auf föderaler Ebene ein Körperschaftsteuersystem eingeführt. Das Körperschaftsteuergesetz (Bundesgesetz Nr. 47/2022) wurde bereits im Dezember 2022 erlassen. 2023 wurden eine Vielzahl an Kabinetts- und Ministerialbeschlüssen erlassen, die das Körperschaftsteuergesetz konkretisieren.

3.2.1 Zeitlicher Anwendungsbereich

Für Unternehmen, deren Geschäftsjahr am oder nach dem 01.06., jedoch nicht später als am 01.12. zu laufen beginnt, gilt bereits im Jahr 2023 die Körperschaftsteuer. Unternehmen, deren Geschäftsjahr dem Kalenderjahr entspricht (01.01. bis 31.12.), sind jedoch erst ab dem 01.01.2024 von der Körperschaftsteuer betroffen.

3.2.2 Persönlicher Anwendungsbereich

Vom persönlichen Anwendungsbereich werden sämtliche Unternehmen erfasst, die in den VAE niedergelassen sind (Mainland und Freihandelszonen) oder wenn ausländische Gesellschaften tatsächlich in den VAE geleitet und kontrolliert werden. Ebenso werden ausländische Unternehmen besteuert, die eine Betriebsstätte in den VAE aufweisen oder deren Einkommen aus den VAE resultiert. Hervorzuheben ist, dass auch natürliche Personen vom Anwendungsbereich des Körperschaftsteuergesetzes umfasst werden, sofern diese eine kommerzielle Aktivität ausführen (bspw. Freelancer, Sole Establishments etc.). Ausnahmen bestehen für staatliche Unternehmen und staatlich kontrollierte Unternehmen.

3.2.3 Regelsteuersatz und Besonderheiten

Der Regelsteuersatz beläuft sich auf 9 %. Dieser gilt für steuerpflichtige Einkünfte (Unternehmensgewinne) ab einem Schwellenwert von 375.000 AED (ca. 93.000 EUR). Für Unternehmensgewinne unterhalb des Schwellenwertes gilt der Nullprozentsteuersatz. Dies erfolgt vor dem Hintergrund, kleine Unternehmen zu unterstützen.

Ein abweichender Steuersatz (noch nicht bestimmt) gilt für große multinationale Unternehmen, die Kriterien erfüllen, die in Bezug auf OECD Pillar Two festgelegt wurden. Ein multinationales Unternehmen ist ein Unternehmen, das sowohl in seinem Heimatland als auch in anderen Ländern über eine ausländische Tochtergesellschaft, Filiale oder eine andere Form der Präsenz/Registrierung tätig ist. Mit „groß" ist ein multinationales Unternehmen gemeint, das konsolidierte globale Umsätze von mehr als 750 Mio. EUR (ca. 3,15 Mrd. AED) erzielt.

3.2.4 Sonderregelungen für Freihandelszonen

Unternehmen, die in einer der Freihandelszonen registriert sind, können unter bestimmten Voraussetzungen einen reduzierten Steuersatz (0 %) in Anspruch nehmen. Gemäß dem Körperschaftsteuergesetz unterliegt eine qualifizierte Person in der Freihandelszone (Qualifying Free Zone Person – QFZP) den folgenden Steuersätzen:

- 0 % auf qualifizierte Einkünfte
- 9 % auf steuerpflichtige Einkünfte, die keine qualifizierten Einkünfte sind

3.2.4.1 Qualifying Free Zone Person

Freihandelszonenunternehmen müssen die folgenden allgemeinen Bedingungen erfüllen, um den QFZP-Status zu erhalten, der für die Anwendung des 0 %-Steuersatzes auf qualifizierte Einkünfte erforderlich ist:

• Unterhaltung angemessener Substanz
• Verrechnungspreis-Compliance
• Keine Ausübung des Wahlrechts, dem regulären Steuersatz (9 %) zu unterliegen

3.2.4.2 Qualifizierte Einkünfte

Qualifizierte Einkünfte werden definiert als:

• Einkünfte aus Transaktionen mit anderen Personen in Freihandelszonen, mit Ausnahme von Einkünften aus „**ausgeschlossenen Tätigkeiten**".
• Einkünfte aus Transaktionen mit einer Person außerhalb der Freihandelszone, jedoch nur in Bezug auf „**qualifizierte Tätigkeiten**", die nicht „**ausgeschlossene Tätigkeiten**" sind.
• Alle anderen Einkünfte, vorausgesetzt, dass die QFZP die sog. De-minimis-Anforderungen erfüllt.

Ausgeschlossene Tätigkeiten umfassen folgende kommerziellen Aktivitäten:

• Transaktionen mit natürlichen Personen (mit gewissen geringfügigen Ausnahmen)
• Regulierte Bank-, Finanz-, Leasing- und Versicherungsaktivitäten
• Eigentum oder Nutzung von immateriellen Vermögenswerten
• Eigentum oder Nutzung von Immobilien, mit Ausnahme von Transaktionen mit Personen in Freihandelszonen in Bezug auf gewerbliche Immobilien in einer Freihandelszone

Qualifizierte Tätigkeiten umfassen Folgendes:

• Herstellung und Verarbeitung von Gütern oder Materialien
• Besitz von Aktien und anderen Wertpapieren
• Besitz und Betrieb von Schiffen
• Reguliertes Rückversicherungs- und Fonds-/Vermögensmanagement
• Hauptquartier- und Finanzierungsdienstleistungen für verbundene Parteien
• Finanzierung und Leasing von Flugzeugen, Logistik

- Die Verteilung von Gütern in oder aus einer bestimmten Freihandelszone unter bestimmten Bedingungen

Die De-minimis-Anforderungen werden erfüllt, wenn nicht qualifizierte Einkünfte 5 % der Gesamteinnahmen oder 5000000 AED, je nachdem, welcher Betrag niedriger ist, nicht überschreiten.

Nicht qualifizierte Einkünfte sind Einkünfte aus ausgeschlossenen Tätigkeiten oder Tätigkeiten, die keine qualifizierten Tätigkeiten sind, bei denen die andere Partei keine Person in der Freihandelszone ist.

Bestimmte Einnahmen werden bei der Berechnung der nicht qualifizierten Einnahmen und der Gesamteinnahmen nicht berücksichtigt. Dazu gehören Einnahmen, die auf bestimmtes unbewegliches Vermögen in einer Freihandelszone (nicht gewerbliches Eigentum und gewerbliches Eigentum, wenn die Transaktionen mit Personen außerhalb der Freihandelszone stattfinden) oder auf eine inländische Betriebsstätte oder eine ausländische Betriebsstätte zurückzuführen sind.

3.2.5   Steuererklärung

Die Einreichung einer Steuererklärung sowie die Zahlung der Körperschaftsteuer muss für jedes Geschäftsjahr bzw. Steuerzeitraum (in der Regel zwölf Monate mit Jahresabschluss) innerhalb von neun Monaten nach Ende des Geschäftsjahres erfolgen.

3.2.6   Quellensteuer

In Bezug auf die Quellensteuer enthält das Körperschaftsteuergesetz dahingehend Regelungen, dass Unternehmen, die nicht in den VAE ansässig sind und dort auch über keine Betriebsstätte verfügen bzw. Einkünfte aus den VAE erzielen, die nicht mit der Betriebsstätte im Zusammenhang stehen, einem Quellensteuersatz von 0 % unterliegen. In der Regel gilt die Quellensteuer für grenzüberschreitende Transaktionen/Zahlungen von Dividenden, Zinsen, Lizenzgebühren und anderen Einkommensarten, jedoch nicht für Transaktionen zwischen in den VAE ansässigen Personen. Ebenso werden Regeln für die Bestimmung des Fremdvergleichsstandards für Verrechnungspreise festgelegt.

3.3   Umsatzsteuer

Die VAE haben zum 01.01.2018 ein Umsatzsteuersystem eingeführt. Es fußt auf der gemeinsamen Verständigung der Mitgliedstaaten des Golfkooperationsrates (GCC-Staaten).

Die GCC-Staaten haben sich bereits im Dezember 2015 darauf verständigt, Rahmenbedingungen für die Einführung einer Umsatzteuer festzulegen, wobei die konkrete Ausgestaltung den einzelnen Mitgliedstaaten obliegt.

Auf nationaler Ebene haben die VAE mit Bundesgesetz Nr. 7/2017 und dem Bundesgesetz Nr. 8/2017 (Umsatzsteuergesetz) den Grundstein für ein föderales Umsatzsteuersystem gelegt. Dieses Gesetz verweist auf zahlreiche Durchführungsbestimmungen.

3.3.1   Regelsteuersatz und Besonderheiten

Der Regelsteuersatz beträgt 5 %. Eine 0 %-Besteuerung gilt für ausgewählte Transaktionen. Besonders relevant ist der Export von Waren oder Dienstleistungen.

3.3.2   Umsatzsteuerregistrierung

Die Umsatzsteuerregistrierung ist für steuerpflichtige Personen, die in den VAE ansässig sind und steuerpflichtige Lieferungen oder Leistungen von mehr als 375.000 AED im vorherigen Zwölfmonatszeitraum tätigen oder wenn in den nächsten 30 Tagen dieser Betrag voraussichtlich überschritten wird, obligatorisch.

Ein ansässiges Unternehmen kann sich freiwillig für die Umsatzsteuer registrieren lassen, wenn seine steuerpflichtigen Lieferungen oder Leistungen (oder Ausgaben) die Schwelle von 187.500 AED überschreiten oder voraussichtlich überschreiten werden.

3.3.3   Steuerpflicht

Steuerpflichtig ist jede natürliche und juristische Person, die im Rahmen ihrer Geschäftstätigkeit Umsatz generiert. Das Umsatzsteuergesetz und die Ausführungsbestimmungen unterscheiden dabei nicht nach der Art der Lizenz und/oder

der Rechtsform der juristischen Person. Nur eine bei der Federal Tax Authority (FTA) registrierte (natürliche oder juristische) Person kann Steuerrechnungen erstellen.

3.4 Economic Substance Regulations

Die VAE haben 2019 sog. Economic Substance Regulations (ESR) erlassen, die zwischenzeitlich durch den Kabinettsbeschluss Nr. 57/2020 ersetzt worden sind.

3.4.1 Relevant Activities

Die Economic Substance Regulations gelten für sämtliche Gesellschaften sowohl im Mainland als auch in den Freihandelszonen, beschränken sich jedoch auf nachstehende Aktivitäten (Relevant Activities):

- Bankgeschäfte
- Versicherungsgeschäfte
- Investmentfonds-Management-Geschäfte
- Leasing- und Finanzierungsgeschäfte
- Hauptsitzgeschäfte
- Reedereigeschäfte
- Holdinggesellschaftsgeschäfte
- Geschäfte mit geistigem Eigentum
- Vertriebs- und Servicezentrumsgeschäfte

3.4.2 Meldepflichten

Unternehmen, die eine relevante Tätigkeit (Relevant Activity) ausführen, müssen innerhalb von sechs Monaten nach Ende des Geschäftsjahres eine Meldung (Economic Substance Notification) einreichen, in der die relevante Tätigkeit angegeben wird. Dies gilt unabhängig davon, ob der Lizenznehmer von den ESR befreit ist oder ob keine Einkünfte aus der relevanten Tätigkeit erzielt wurden.

Die Beurteilung, ob eine relevante Tätigkeit (Relevant Activity) ausgeführt wird, müssen Unternehmen in Eigenregie überprüfen (Selbstbewertung).

Innerhalb von zwölf Monaten nach Ende des Geschäftsjahres muss ein Substanzbericht (Economic Substance Report) eingereicht werden, soweit Einkünfte in diesem Zeitraum aus einer relevanten Tätigkeit erzielt wurden und der Lizenznehmer nicht von den ESR befreit war. Der Substanzbericht muss den Nachweis enthalten, dass die Anforderungen an die wirtschaftliche Substanz in Bezug auf die relevante Tätigkeit erfüllt wurden (Substanznachweis).

3.4.3 Substanznachweis

Die erforderliche Substanz, die ein Unternehmen für seine Tätigkeiten nachweisen muss, variiert je nach Art der Tätigkeit, wobei bestimmte Mindestanforderungen für alle Unternehmen gelten. Die Mindestanforderungen umfassen:

- Management und Verwaltung des Unternehmens in den VAE
- Physische Präsenz (ausgestattetes Büro)
- Eine angemessene Anzahl von Mitarbeitern und betrieblichen Ausgaben

3.4.4 Verwaltungssanktionen

Die Nichteinhaltung der Meldepflichten kann zu Verwaltungssanktionen führen (10.000–50.000 AED im ersten Jahr sowie 50.000–300.000 AED im Folgejahr). Strafen können bis zu sechs Jahre später erhoben werden. Im Übrigen besteht die Möglichkeit, dass der betroffenen Gesellschaft die Gewerbeerlaubnis entzogen wird.

3.5 Zoll

Die VAE sind Mitglied der Welthandelsorganisation (WTO) und Vertragspartei des überarbeiteten Kyoto-Übereinkommens der WTO. Auf regionaler Ebene sind die VAE und andere GCC-Länder durch ein gemeinsames Zollgesetz, Durchführungsverfahren und einen gemeinsamen Zolltarif vereint (wobei es Unterschiede in der Umsetzung zwischen den Mitgliedstaaten gibt). Neben den Abkommen zwischen den GCC-Mitgliedstaaten gehören die VAE der Greater Arab Free Trade Area an. Darüber hinaus bestehen bilaterale und multilaterale Freihandelsabkommen oder werden zurzeit ausgehandelt. Im Übrigen gibt es in den VAE eine Reihe von Freihandelszonen, in denen die Einfuhrzölle ausgesetzt sind (sowie umsatzsteuerliche Sonderregelungen für sog. ausgewiesene Freihandelszonen).

Zoll wird im Allgemeinen auf der Basis von Kosten, Versicherung und Fracht (CIF) der importierten Waren berechnet. Zoll ist bei der Einfuhr fällig. Die geltenden Zollsätze betragen in der Regel 5 % oder 0 %, abhängig von den Tarifnummern und harmonisierten Codes, können jedoch für bestimmte Produkte in den VAE höher sein (z. B. bei Verbrauchsgütern).

3.6   Doppelbesteuerungsabkommen

Die VAE haben mit zahlreichen Staaten Doppelbesteuerungsabkommen (DBA) abgeschlossen. Das deutsch-emiratische DBA ist ausgelaufen. Das österreichisch-emiratische DBA wurde jüngst dahingehend geändert, dass statt der Freistellungs- nun die Anrechnungsmethode greift. Auch wurde das schweizerisch-emiratische DBA im Hinblick auf die Base Erosion and Profit Shifting-Standards der Organisation für wirtschaftliche Zusammenarbeit und Entwicklung (OECD) angepasst.

Arbeitsrechtliche Rahmenbedingungen 4

4.1 Allgemeines

Das Arbeitsrecht der VAE findet im Bundesgesetz Nr. 33/2021 seine allgemeine gesetzliche Grundlage (Arbeitsgesetz). Das seit 1980 bestehende Arbeitsgesetz (Bundesgesetz Nr. 8/1980) wurde im Dezember 2021 grundlegend reformiert. Laut dem zuständigen Arbeitsministerium (Ministry of Human Resources & Emiratisation – MOHRE) sollten Arbeitnehmerrechte gestärkt und insgesamt das Arbeitsrecht an europäische Standards angeglichen werden.

Die Freihandelszonen sind von der Anwendbarkeit des VAE-Arbeitsgesetzes grundsätzlich ebenfalls umfasst. Jedoch finden sich in verschiedenen Freihandelszonen eigenständige Arbeitsgesetze (bspw. ADGM, DIFC) bzw. arbeitsrechtliche Regelungen, die bestimmte Vorgaben des VAE-Arbeitsgesetzes präzisieren und nach neuerer Rechtsprechung der lokalen Obergerichte den Regelungen des VAE-Arbeitsgesetzes vorgehen. Auch betreiben diverse Freihandelszonen eigene Schlichtungszentren, die im Streitfall konsultiert werden müssen, bevor die Parteien ihre Streitigkeit gerichtlich überprüfen lassen können. Die Schlichtungszentren treffen aber in der Regel keine abschließenden Entscheidungen, denn diese sind den ordentlichen Arbeitsgerichten vorbehalten.

4.2 Rechtliche Rahmenbedingungen

Die wichtigsten Rechtsgrundlagen für das emiratische Arbeitsrecht sind:

- Bundesgesetz Nr. 33/2021 (Arbeitsgesetz)
- Bundesgesetz Nr. 47/2021
- Kabinettsbeschluss Nr. 1/2022

C. Frank-Fahle und M. Trost, *Markteinstieg in den Vereinigten Arabischen Emiraten*, essentials, https://doi.org/10.1007/978-3-658-42767-2_4

Das Arbeitsgesetz regelt das Arbeitsverhältnis zwischen Arbeitgebern und Arbeitnehmern. Das Gesetz bezieht sich auf sämtliche privatrechtliche Arbeitsverhältnisse mit der Folge, dass auch ausländische Arbeitnehmer dem Anwendungsbereich des Gesetzes unterliegen. Da das Gesetz jedoch nur für Unternehmen, Arbeitgeber und Arbeitnehmer im Privatsektor gilt, fallen öffentlich-rechtliche Arbeitsverhältnisse sowie Hausangestellte nicht darunter. Ferner bestehen für emiratische Staatsbürger, die im privaten Sektor arbeiten, Sonderregelungen. In diesem Zusammenhang sind insbesondere gesonderte Kündigungsvorschriften für emiratische Arbeitnehmer zu erwähnen.

Im Zuge der Neufassung des Arbeitsgesetzes hat der Gesetzgeber erstmals Bestimmungen hinsichtlich der Diskriminierung am Arbeitsplatz erlassen. Ferner wurden Regelungen zum Arbeitsvertrag, zur Vergütung, Kündigung und zum Arbeitsschutz reformiert. Zudem wurden die Regelungen in Bezug auf die Beschäftigung von Frauen und Jugendlichen erweitert.

4.3 Die Begründung des Arbeitsverhältnisses

Vor Beginn der Arbeitsaufnahme in den VAE ist der Arbeitgeber verpflichtet, für jeden Arbeitnehmer eine Arbeitserlaubnis (Work Permit) zu beantragen. Sofern es sich um einen ausländischen Arbeitnehmer handelt, ist zusätzlich eine Aufenthaltserlaubnis (Residence Permit/Visa) zu beantragen. Die Arbeitserlaubnis wird beim Arbeitsministerium bzw. der jeweiligen Freihandelszonenbehörde beantragt, die Aufenthaltserlaubnis bei der Ausländerbehörde (General Directorate of Residency and Foreigners Affairs – GDRFA).

In den VAE gilt grundsätzlich das „Sponsorship System". Danach ist nur derjenige Arbeitgeber berechtigt, einen Antrag auf Erteilung einer Arbeitserlaubnis zu stellen, der auch als Sponsor des Arbeitnehmers fungiert. Der Ausdruck Sponsor (arabisch: kafil) ist mit dem deutschen Begriff des Bürgen/Garanten gleichzusetzen.

Um den gestiegenen Anforderungen des dynamischen Arbeitsmarktes gerecht zu werden, wurde dieser in der emiratischen Arbeitsrechtslandschaft bestehende Grundsatz gelockert. So ist es nunmehr möglich, zeitlich begrenzte Arbeitsgenehmigungen (Temporary Work Permit) zu beantragen. Ebenso gelten neue Regelungen bezüglich der Ausstellung von Visa. Vereinzelte Visatypen (bspw. Green Visa und Golden Visa) sind nicht mehr an das Vorliegen einer Arbeitserlaubnis bzw. das Arbeitsverhältnis an sich geknüpft, wodurch ein sog. Eigensponsoring möglich ist.

4.3.1 Individualvertragliche Regelungen

4.3.1.1 Grenzen privatrechtlicher Zusatzvereinbarungen

Für die Begründung des Arbeitsverhältnisses müssen Arbeitgeber und Arbeitnehmer sowohl im Mainland als auch in den Freihandelszonen auf Mustervorlagen (sog. Standardarbeitsverträge) zurückgreifen. Diese decken lediglich die absoluten Mindestanforderungen ab und umfassen u. a. folgende Aspekte:

- Beginn des Arbeitsverhältnisses und Befristung (neuerdings gesetzlich zwingend vorgeschrieben)
- Gehaltspaket
- Vereinbarung einer Probezeit
- Kündigungsfrist

Vor dem Hintergrund, dass die Standardarbeitsverträge in der Regel unzureichend sind, um die Komplexität arbeitsrechtlicher Beziehungen abschließend zu regeln, ist es empfehlenswert und mittlerweile gängige Praxis, einen zusätzlichen privatschriftlichen Arbeitsvertrag (Supplementary Employment Agreement) neben dem Standardvertrag abzuschließen. Im Zusatzarbeitsvertrag werden in der Regel folgende Aspekte näher geregelt:

- Detaillierte Beschreibung der Arbeit bzw. Tätigkeiten
- Änderung der Arbeitsaufgaben und des Arbeitsorts (einschließlich Homeoffice)
- Befugnis/Vollmacht zur Vertretung
- Einschränkungen bei der Nutzung von Firmeneigentum (z. B. IT, Internet)
- Zusätzliche Leistungen wie Bonus, Bildungszuschuss etc.
- Arbeitszeit (Befreiung von Überstundenregelungen)
- Verlängerung der Kündigungsfristen
- Geschäftsreisen
- Reisekosten
- Reiseunterbrechungen aufgrund externer Umstände (z. B. Covid)
- Nebentätigkeiten
- Schutz von geistigem Eigentum
- Datenschutz
- Vertraulichkeit/nachvertragliches Wettbewerbsverbot
- Stornierung des Visums und Rückführung des Arbeitnehmers
- Allgemeine Bestimmungen wie Rückgabe von Firmeneigentum, salvatorische Klausel, Schriftform, Ersatz früherer Vereinbarungen

Im Rahmen der Gestaltung des Zusatzvertrages muss allerdings stets berücksichtigt werden, dass von den arbeitsrechtlichen Mindeststandards nur zugunsten des Arbeitnehmers abgewichen werden kann (Art. 65 Arbeitsgesetz).

4.3.1.2 Wettbewerbs- und Konkurrenzschutzklauseln

Mithilfe von Wettbewerbs- und Konkurrenzschutzklauseln in Arbeitsverträgen soll verhindert werden, dass sensible Informationen und Geschäftsgeheimnisse nach oder im Laufe des Arbeitsverhältnisses durch den Arbeitnehmer an unbefugte Dritte weitergegeben werden. Diese Gefahr ist insbesondere dann anzunehmen, wenn der Arbeitnehmer nach Beendigung des Arbeitsverhältnisses zur direkten Konkurrenz des ehemaligen Arbeitgebers wechselt oder an einem Unternehmen partizipiert, welches in naher Zukunft mit dem ehemaligen Arbeitgeber konkurrieren wird.

Grundsätzlich lässt das emiratische Arbeitsrecht die Vereinbarung solcher Schutzklauseln zu (Art. 10 Arbeitsgesetz), wenngleich Beschränkungen zu beachten sind. Wettbewerbsklauseln sind auf eine Gesamtdauer von 24 Monaten nach Beendigung des Arbeitsverhältnisses begrenzt. Ferner muss ein konkreter geografischer Bereich festgelegt und die kommerzielle Aktivität wiedergegeben werden, auf welche sich die Klausel beziehen soll.

Die Durchsetzung von Wettbewerbs- und Konkurrenzschutzklauseln bereitet in der Praxis oftmals Probleme. Dem Arbeitgeber steht nicht die Möglichkeit offen, gegen den Arbeitnehmer im Wege des einstweiligen Rechtsschutzes vorzugehen. Bei Schadensersatzklagen muss der Arbeitgeber ferner darlegen und im Fall des Bestreitens auch beweisen, dass ihm durch die neue Tätigkeit des Arbeitnehmers ein konkreter Schaden entsteht bzw. entstanden ist.

Nach erfolgreicher Beendigung des Gerichtsverfahrens kann der Arbeitgeber beim Arbeitsministerium den Entzug der Arbeitserlaubnis des Arbeitnehmers beantragen (Ministerbeschluss Nr. 297/2016).

4.3.2 Arbeitszeitmodelle

Das emiratische Arbeitsrecht sieht verschiedene Arbeitszeitmodelle vor:

- **Vollzeit**: der Arbeitnehmer leistet sein volles Arbeitspensum für einen Arbeitgeber ab.
- **Teilzeit**: der Arbeitnehmer leistet eine spezielle Anzahl an Arbeitsstunden oder -tagen für einen oder mehrere Arbeitgeber ab.

- **Zeitarbeit**: der Arbeitnehmer führt seine Arbeiten für einen bestimmten Zeitraum oder für ein bestimmtes Projekt aus, welches mit Fertigstellung endet.

- **„Flexible Arbeit"**: mit der Arbeit sind regelmäßig wechselnde Arbeitsstunden oder -tage verbunden, die von der Arbeitsorganisation und den Arbeitsabläufen des Arbeitgebers abhängen.

Die konkreten Voraussetzungen und Bedingungen der Arbeitszeitmodelle sowie die Rechte und Pflichten der Beteiligten im jeweiligen Arbeitszeitmodell werden durch die Ausführungsbestimmungen zum Arbeitsgesetz näher beschrieben.

4.3.3 Befristung von Arbeitsverhältnissen

Die Reform des emiratischen Arbeitsrechts bedeutete zugleich die Abschaffung von unbefristeten Arbeitsverhältnissen im Privatsektor. Das Gesetz sieht vor, dass lediglich befristete Arbeitsverträge abgeschlossen werden können. Zunächst hatte der Gesetzgeber die Obergrenze für die Befristung auf drei Jahre festgelegt. Diese gesetzliche Vorgabe wurde inzwischen jedoch wieder gelockert, sodass mittlerweile keine Obergrenze für die Befristung mehr besteht. Dasselbe gilt für die (mehrmalige) Verlängerung bzw. Erneuerung des Arbeitsvertrags.

Sind sich die Parteien einig, dass der Vertrag verlängert werden soll, ohne über die Konditionen zu sprechen, wird der Vertrag zu den bisherigen Konditionen verlängert.

4.3.4 Probezeit

Unabhängig von der Größe des Unternehmens beträgt die Probezeit weiterhin höchstens sechs Monate. In dieser Zeit ist es sowohl für den Arbeitgeber als auch den Arbeitnehmer möglich, das Arbeitsverhältnis unter Einhaltung einer Kündigungsfrist von 14 Tagen schriftlich zu kündigen. Die Vereinbarung einer Probezeit in einem Arbeitsverhältnis mit demselben Arbeitgeber ist nur einmal möglich. Sollte es zum Ablauf der Probezeit des Arbeitnehmers kommen, wird die Probezeit als Beschäftigungszeit angerechnet.

4.4 Rechte und Pflichten im Arbeitsverhältnis

4.4.1 Rechte des Arbeitnehmers

4.4.1.1 Vergütung

Einen gesetzlichen Mindestlohn, wie etwa in Deutschland, gibt es in den VAE nicht. Das Gehalt muss allerdings die Grundbedürfnisse des Arbeitnehmers decken. Mit Zustimmung des Kabinetts kann ein Mindestlohn für bestimmte Sektoren oder bestimmte Berufsgruppen eingeführt werden (Art. 27 Arbeitsgesetz). Die Fälligkeit der Lohnzahlung richtet sich nach den vertraglichen Vereinbarungen.

Die Auszahlung der Löhne hat sowohl im Mainland als auch in den meisten Freihandelszonen durch das Wages Protection System (WPS) oder ein anderes durch das Ministerium genehmigtes System zu erfolgen. Das WPS ist der Zentralbank der VAE angeschlossen und dient als elektronisches Überweisungssystem. Dadurch ist es der Behörde möglich, zu überprüfen, ob die Gehaltszahlung durch den Arbeitgeber pünktlich und in voller Höhe erbracht wird. Sollte dies nicht der Fall sein, drohen dem Arbeitgeber Sanktionen.

4.4.1.2 Arbeits- und Ruhezeiten

Die Standardarbeitszeit in den VAE soll acht Stunden pro Tag und 48 Stunden pro Woche nicht übersteigen. Die Arbeitnehmer haben täglich einen Anspruch auf eine einstündige oder mehrere kleine Pausen und dürfen nicht länger als fünf Stunden ohne Pause arbeiten. Die An- und Abfahrt zu und von der Arbeitsstelle sind von der Regelarbeitszeit ausgenommen (Art. 17 Abs. 3 VAE-Arbeitsgesetz).

Während des Fastenmonats Ramadan sind die normalen Arbeitszeiten für alle Arbeitnehmer bei vollem Lohnausgleich um zwei Stunden zu verkürzen.

4.4.1.3 Überstunden

Grundsätzlich sind Überstunden bis zu zwei Stunden am Tag zulässig (Art. 19 Abs. 1 VAE-Arbeitsgesetz), sofern eine Gesamtarbeitszeit von einhundertvierundvierzig Stunden innerhalb von drei Wochen nicht überschritten wird. Geleistete Überstunden werden zusätzlich zum normalen Stundenlohn folgendermaßen vergütet:

- Tagsüber mit einem Zuschlag von mindestens 25 %
- Nachts zwischen 22:00 und 4:00 Uhr mit einem Zuschlag von mindestens 50 %

- Wochenenden/Feiertage mit einem Zuschlag von mindestens 50 % zum Gehalt für einen normalen Arbeitstag oder einem zusätzlichen freien Arbeitstag

4.4.1.4 Feiertage

In den VAE gelten folgende gesetzliche Feiertage:

- Neujahr (01.01.)
- Gedenktag (01.12.)
- Nationalfeiertag (02.12. & 03.12.)

Daneben gelten folgende muslimische Feiertage, deren Daten (bzw. Beginn und Dauer) in Abhängigkeit vom Mondkalender bekanntgegeben werden:

- Eid Al Fitr (Ramadan)
- Islamisches Neujahr
- Arafat Day & Eid Al Adha
- Geburtstag des Propheten Mohammed

4.4.1.5 Urlaubsanspruch

Jeder Arbeitnehmer hat Anspruch auf bezahlten Urlaub in Höhe von 30 Urlaubstagen, sofern dieser zwölf Monate ununterbrochen im Unternehmen angestellt ist. Arbeitnehmer, die länger als sechs Monate, jedoch kürzer als ein Jahr angestellt sind, haben einen Anspruch auf bezahlten Urlaub in Höhe von zwei Urlaubstagen pro Monat. Der Urlaubsanspruch von Teilzeitarbeitnehmern ist in dem jeweiligen Arbeitsvertrag festzuhalten und richtet sich nach den tatsächlich geleisteten Arbeitsstunden und den Vorgaben der Ausführungsbestimmungen.

Fallen gesetzliche Feiertage in den Urlaub, so werden sie von der Urlaubszeit erfasst, wenn keine anderweitige Regelung zugunsten des Arbeitnehmers existiert.

Der Arbeitgeber hat das Recht, den Zeitpunkt des Urlaubs anhand der betrieblichen Anforderungen und in Absprache mit dem Arbeitnehmer zu bestimmen. Der Urlaub ist dem Arbeitnehmer mit genügend Vorlaufzeit, spätestens jedoch einen Monat vor Urlaubsantritt mitzuteilen.

Grundsätzlich soll der Arbeitnehmer seinen Urlaub innerhalb eines Jahres nehmen. Mit Genehmigung des Arbeitgebers ist eine Übertragung von bis zu 15 Resturlaubstagen in das Folgejahr möglich. Wird der Urlaub nicht innerhalb von zwei Jahren gewährt, so hat der Arbeitgeber dem Arbeitnehmer den Urlaub entsprechend abzugelten.

Neben dem Urlaubsanspruch hat der Arbeitnehmer das Recht, in folgenden Situationen Sonderurlaub zu nehmen:

- Drei bis fünf Tage bei einem Trauerfall, abhängig vom Verwandtschaftsgrad der verstorbenen Person
- Fünf Tage Elternzeit für einen Elternteil innerhalb der ersten sechs Monate nach Geburt des Kindes
- Zehn Tage Studienzeit für Prüfungen, wenn der Mitarbeiter seit mindestens zwei Jahren für den Arbeitgeber tätig ist und er in einer staatlich anerkannten Bildungsinstitution der VAE eingeschrieben ist

Für emiratische Arbeitnehmer besteht zudem die Möglichkeit eines Sabbatjahres unter Fortzahlung von 50 % des Gehalts.

4.4.1.6 Leistungen bei Krankheit oder Arbeitsunfällen

Um eine Entgeltfortzahlung in Anspruch nehmen zu können, muss der Arbeitnehmer dem Arbeitgeber seine Arbeitsunfähigkeit im Falle von Krankheit innerhalb von drei Tagen mittels Attests anzeigen.

Während der Probezeit hat der Arbeitnehmer keinen Anspruch auf eine Entgeltfortzahlung im Krankheitsfall. Sofern der Arbeitnehmer die Krankheit bzw. Arbeitsunfähigkeit durch eigenes Verschulden herbeigeführt hat, steht ihm ebenfalls ein Anspruch auf Lohnfortzahlung nicht zu.

Ein krankheitsbedingter Arbeitsausfall ist maximal für 90 Tage pro Jahr vorgesehen, wobei sich die Anspruchshöhe wie folgt bestimmt:

- 1.–15. Krankheitstag: 100 % Entgeltfortzahlung
- die nächsten 30 Tage: 50 % Entgeltfortzahlung
- anschließend: 0 % Entgeltfortzahlung

Nach 90 Krankheitstagen kann der Arbeitgeber den Arbeitsvertrag mit dem Arbeitnehmer beenden.

Eine gesetzliche Unfall- und Berufsunfähigkeitsversicherung ist für ausländische Arbeitnehmer nicht vorgesehen. Im Falle eines Arbeitsunfalls muss der Arbeitgeber jedoch aufgrund arbeitsrechtlicher Bestimmungen grundsätzlich für die aus dem Unfall resultierenden Behandlungs-, Reise- und Rehabilitationskosten des Arbeitnehmers aufkommen. Während der Behandlungszeit, in der der Arbeitnehmer nicht in der Lage ist, seinen Pflichten aus dem Arbeitsverhältnis nachzukommen, muss der Arbeitgeber bis zu sechs Monate den Lohn voll und weitere sechs Monate in halber Höhe fortzahlen. Im Falle seines Todes oder bei vollständiger und dauerhafter Berufsunfähigkeit haben die Angehörigen des Arbeitnehmers gegen den Arbeitgeber einen Anspruch auf eine Entschädigung in Höhe von 24 Monatsgehältern, mindestens 18.000 AED, höchstens jedoch 200.000 AED.

4.4.2 Antidiskriminierung am Arbeitsplatz

Das reformierte Arbeitsrecht enthält in Art. 4 Arbeitsgesetz Regelungen, wonach jegliche Form von Ungleichbehandlung von Personen aufgrund von Rasse, Hautfarbe, Geschlecht, Religion, Herkunft, ethnischer Abstammung oder Behinderung verboten ist. Bezugspunkt ist hierbei die Chancengleichheit und der gleichberechtigte Zugang zur Beschäftigung.

Das Arbeitsgesetz geht überdies explizit auf die Gleichbehandlung der Frau ein. Danach gelten die Vorschriften zur Anti-Diskriminierung insbesondere auch für die Beschäftigung von Frauen. Darüber hinaus wird geregelt, dass Frauen denselben Lohn für dieselbe Arbeit oder für Arbeit von gleichem Wert erhalten müssen.

4.4.3 Mutter-, Jugend- und Arbeitsschutz

Eine Arbeitnehmerin hat Anspruch auf Mutterschaftsurlaub in Höhe von 60 Tagen. Für die ersten 45 Tage erhält eine Arbeitnehmerin ihr volles Gehalt, für die restlichen 15 Tage lediglich die Hälfte. Der Anspruch entsteht mit der Einstellung der Arbeitnehmerin, sodass keine Kürzung des Mutterschaftsgelds stattfindet, sofern die Arbeitnehmerin Mutterschaftsurlaub nimmt, bevor diese ein Jahr bei dem Arbeitgeber beschäftigt war.

Sollte die Arbeitnehmerin ihren Mutterschaftsurlaub ausgeschöpft haben, hat sie ferner einen Anspruch auf unbezahlten mutterschaftsbedingten „Krankheitsurlaub". Dieser kann sich auf höchstens 45 aufeinanderfolgende bzw. ununterbrochene Tage erstrecken, sofern diese Abwesenheit auf eine Krankheit zurückzuführen ist, die bei ihr oder ihrem Kind infolge der Schwangerschaft oder Entbindung eingetreten ist und die Arbeitnehmerin daran hindert, zur Arbeit zu erscheinen.

Der Anspruch besteht auch dann, wenn die Arbeitnehmerin nach sechs Schwangerschaftsmonaten eine Fehlgeburt erleidet oder das Kind nach der Geburt stirbt. Sofern die Arbeitnehmerin ein behindertes oder krankes Kind zur Welt bringt, besteht ein Anspruch auf weitere 30 Kalendertage Mutterschaftsurlaub, der um weitere 30 Tage unbezahlten Urlaub verlängert werden kann.

Der Mutterschaftsurlaub wirkt sich nicht auf die restlichen Urlaubstage der Arbeitnehmerin aus.

4.4.3.1 Mindestalter und Schutz von jungen Arbeitnehmern

Eine Beschäftigung von Kindern unter 15 Jahren ist verboten und die Arbeit von Jugendlichen unterliegt strengen Anforderungen. Neben einer schriftlichen Erlaubnis der Eltern muss ein Gesundheitszeugnis vorgelegt werden, welches dem Jugendlichen eine medizinische Fitness für die entsprechende Arbeit bescheinigt. Eine Beschäftigung des jugendlichen Arbeitnehmers ist nur für sechs Stunden am Tag möglich. Zudem sind diesem eine oder mehrere Pausen (bis zu einer Stunde) zu gewähren.

Jugendliche dürfen nicht länger als vier Stunden ohne Pause arbeiten. Sie dürfen ferner nicht zwischen 19 und 7 Uhr arbeiten. Überstunden, Arbeiten außerhalb der Dienstzeit sowie im Urlaub oder an Feiertagen sind verboten. Seitens des Arbeitgebers ist darauf zu achten, dass der Jugendliche nicht in Bereichen eingesetzt wird, die naturgemäß die Gesundheit, Sicherheit oder Moral des Jugendlichen gefährden.

Sollte der Arbeitgeber gegen diese Vorschriften bezüglich der Beschäftigung von jugendlichen Arbeitnehmern verstoßen, kann dieser mit einer Geldstrafe von 50.000 AED bis zu 200.000 AED belangt werden.

4.4.4 Sozialversicherungsrechtliche Aspekte

In den VAE gibt es für ausländische Arbeitnehmer keine allgemeine Sozialversicherungspflicht.

In einigen Emiraten sind Arbeitgeber allerdings verpflichtet, für ihre Arbeitnehmer (bspw. Dubai) sowie deren Angehörige (bspw. Abu Dhabi) eine Krankenversicherung zu organisieren. Der Nachweis einer Krankenversicherung ist im Übrigen auch Bedingung, damit der Arbeitnehmer seine Arbeitsgenehmigung erhält.

Ein allgemeines Rentenversicherungssystem besteht in den VAE im Moment nicht. Der Arbeitnehmer hat aber nach Beendigung des Arbeitsverhältnisses grundsätzlich Anspruch auf eine Abfindung (siehe hierzu unter Abschn. 4.5.1).

Im Dezember 2022 wurde eine Arbeitslosenversicherung eingeführt. Danach sind Arbeitnehmer im privaten Sektor verpflichtet, eine Arbeitslosenversicherung abzuschließen (Unemployment Insurance Scheme). Der Einzahlungsbetrag ist dabei vom Einkommen des Arbeitnehmers abhängig.

Die Versicherung soll den Arbeitnehmer im Falle der Arbeitslosigkeit finanziell unterstützen und deckt einen Zeitraum von bis zu drei Monaten ab dem Datum der Beendigung des Arbeitsverhältnisses ab. Voraussetzung für das Eingreifen der Versicherung ist, dass der Arbeitnehmer mindestens zwölf aufeinanderfolgende Monate seine Beiträge an die Versicherung gezahlt hat und die weiteren Anspruchsvoraussetzungen, die von der Versicherung vorgegeben werden, erfüllt sind. Der Auszahlungsbetrag beträgt 60 % des Monatsgehalts, jedoch ist dieser auf 10.000 AED (für Arbeitnehmer, deren Monatsgehalt weniger als 16.000 AED beträgt) bzw. 20.000 AED (Monatsgehalt größer als 16.000 AED) begrenzt. Die Versicherungsleistung endet mit dem Tag, an dem der Arbeitnehmer eine neue Beschäftigung in den VAE findet oder drei Monate nach dem letzten Tag der Beschäftigung.

Ein Anspruch auf die Versicherungsleistungen besteht hingegen nicht, sofern der Arbeitnehmer kündigt oder aus disziplinarischen Gründen (fristlose außerordentliche Kündigung) entlassen wird.

4.5 Die Beendigung des Arbeitsverhältnisses

Die Beendigung von Arbeitsverhältnissen hat für den ausländischen Arbeitnehmer neben finanziellen auch aufenthaltsrechtliche Folgen. Sofern der Arbeitnehmer keine nachfolgende Anstellung findet, muss er innerhalb von 60 Tagen das Land verlassen.

Nach Art. 42 des Arbeitsgesetzes endet ein Arbeitsverhältnis u. a., wenn:

- beide Parteien schriftlich die Beendigung vereinbaren,
- der befristete Arbeitsvertrag ausläuft,
- der Vertrag von einer der Parteien außerordentlich gekündigt wird,
- der Arbeitgeber insolvent wird, oder
- die Arbeitsgenehmigung des Arbeitnehmers nicht verlängert wird und die Gründe hierfür außerhalb des Kontrollbereichs des Arbeitgebers liegen.

Darüber hinaus kann es auch zu einer „gerichtlichen" Beendigung des Arbeitsverhältnisses kommen. Zu solch einer Beendigung kommt es, wenn gerichtlich festgestellt wird, dass der Arbeitgeber gegen vertragliche oder gesetzliche Verpflichtungen gegenüber dem Arbeitnehmer verstoßen hat (bspw. die Nichtzahlung des Lohns für einen Zeitraum von mehr als 60 Tagen oder die willkürliche Entlassung des Arbeitnehmers). Ebenso gilt das Arbeitsverhältnis als faktisch beendet, wenn das Unternehmen aufgrund Inaktivität von über zwei Monaten stillgelegt

wurde und der Arbeitgeber keine Arbeitsplatzsicherung des Arbeitnehmers vorgenommen hat, vorausgesetzt der Arbeitnehmer hat die Inaktivität dem Ministerium
gemeldet und Klage erhoben.

4.5.1 Abfindungsanspruch (End-of-Service Gratuity)

Bei Beendigung des Arbeitsverhältnisses mit emiratischen Vollzeitarbeitnehmern
ist der Arbeitgeber gesetzlich verpflichtet, eine Abfindung (End-of-Service Gratuity) in Übereinstimmung mit den staatlichen Sozialhilfe- und Pensionsregeln zu
zahlen (Art. 51 Abs. 1 Arbeitsgesetz).

Bei ausländischen Vollzeitarbeitnehmern besteht die Verpflichtung des Arbeitgebers zur Zahlung einer Abfindung (End-of-Service Gratuity), vorausgesetzt
der Arbeitnehmer war mindestens ein Jahr ununterbrochen beim Arbeitgeber
beschäftigt.

Die Höhe des Abfindungsanspruchs bemisst sich nach der Dauer der Betriebszugehörigkeit des Arbeitnehmers:

- In den ersten fünf Beschäftigungsjahren erhält der Arbeitnehmer im Falle
  einer Kündigung durch den Arbeitgeber pro Beschäftigungsjahr einen Betrag
  in Höhe von 21 Tagesgehältern auf der Grundlage des zuletzt bezogenen
  Grundgehaltes.
- Ab dem sechsten und jedem weiteren Beschäftigungsjahr steht dem Arbeitnehmer eine Abfindung in Höhe von 30 Tagesgehältern pro Beschäftigungsjahr
  zu.

Sollte es in der Vergangenheit zu einer Verlängerung bzw. Erneuerung des
befristeten Vertrags (unter geänderten Konditionen) gekommen sein, werden die
vorherigen Arbeitszeiträume in die Betriebszugehörigkeit einberechnet.

Der Abfindungsanspruch für ausländische Arbeitnehmer ist auf einen Gesamtbetrag von maximal zwei Jahresgehältern begrenzt. Der Abfindungsanspruch
besteht neuerdings auch in voller Höhe bei Kündigungen durch den Arbeitnehmer.

Unabhängig vom Abfindungsanspruch besteht für den Arbeitnehmer im
Falle einer unrechtmäßigen Vertragsbeendigung durch den Arbeitgeber auch ein
Anspruch auf Schadensersatz. Der Schadensersatzanspruch richtet sich gemäß
Art. 47 Arbeitsgesetz nach der Art und Dauer der Beschäftigung sowie dem Ausmaß des Schadens. Er darf jedoch eine Zahlung in Höhe von drei Monatsgehältern des Arbeitnehmers nicht überschreiten. Nach der aktuellen Rechtsprechung

beträgt der Schadensersatzanspruch bei Arbeitnehmern mit befristeten Arbeits-verträgen, die noch nicht lange bei dem Arbeitgeber beschäftigt sind und relativ schnell einen neuen Arbeitgeber finden, etwa ein Monatsgehalt.

4.6 Freihandelszonen – verschiedene Arbeitsgesetze

Die Freihandelszonen DIFC und ADGM haben von ihrer Gesetzgebungskompe-tenz Gebrauch gemacht und durch das Employment Law No. 2/2019 (DIFC) bzw. die Employment Regulations 2019 (ADGM) eigene Arbeitsgesetze geschaffen, mit der Folge, dass das Bundesgesetz Nr. 33/2021 (Arbeitsgesetz) grundsätzlich keine Anwendung findet. Inhaltlich stimmen die Arbeitsgesetze der Finanz-freihandelszonen jedoch in weiten Teilen bis auf kleinere Unterschiede (bspw. kürzerer Entgeltfortzahlungsanspruch im Krankheitsfall für Arbeitnehmer in DIFC) mit dem neuen Arbeitsgesetz der VAE überein.

Fazit und Ausblick

5

Die VAE haben zu ihrem 50. Jahrestag das größte Reformpaket ihrer Geschichte verabschiedet. Ein normalerweise mehrere Jahre dauernder Prozess wurde innerhalb weniger Monate abgeschlossen. Über 40 Gesetze, darunter solche über Gesellschaften, Investitionen, Online-Sicherheit, Handel, Urheberrecht, die Liberalisierung der Aufenthaltsbestimmungen, Betäubungsmittel und soziale Angelegenheiten wurden geändert bzw. neu gefasst. Die jüngsten Reformen spiegeln die Ambitionen des Landes wider.

In investitionsrechtlicher Hinsicht bemüht sich das Land, ausländischen Investoren den Markteintritt so einfach wie möglich zu machen. Zwar ist es – nach wie vor – nicht möglich, im Mainland in sämtlichen Wirtschaftsbereichen eine Kapitalgesellschaft ohne einen emiratischen Mehrheitsanteilseigner (51 %) zu gründen; die einzelnen Emirate haben allerdings kommerzielle Aktivitäten bestimmt, in denen eine vollständige ausländische Eigentümerschaft (full foreign ownership) möglich ist. In den Freihandelszonen bestehen grundsätzlich keine Anforderungen, einen emiratischen Investor zu beteiligen. Es muss stets einzelfallbezogen geprüft werden, wo und in welcher Rechtsform sich Investoren in den VAE niederlassen sollten.

Die Einführung eines föderalen Körperschaftsteuersystems erfolgte am 01.06.2023. Mit einem Regelsteuersatz von 9 % haben die VAE den niedrigsten Steuersatz in den GCC-Staaten eingeführt (lediglich Bahrain erhebt derzeit überhaupt keine Körperschaftsteuer, wobei die Einführung einer Körperschaftsteuer angekündigt worden ist). Die steuerliche Privilegierung der Freihandelszonen setzt u. a. das Bestehen von Substanz voraus und ist auf ausgewählte Transaktionen beschränkt.

C. Frank-Fahle und M. Trost, *Markteinstieg in den Vereinigten Arabischen Emiraten*, essentials, https://doi.org/10.1007/978-3-658-42767-2_5

In arbeitsrechtlicher Hinsicht ist bemerkenswert, dass das Arbeitsgesetz komplett neu geregelt worden ist (Bundesgesetz Nr. 33/2021). Zeitlich wurde die Arbeitswoche auf Montag bis Freitag angeglichen. Dies geschah vor dem Hintergrund, die Geschäftswelt der VAE mit der des Westens zu verbinden. Die nunmehr ausschließlich zulässige Möglichkeit von befristeten Verträgen erscheint auf den ersten Blick nicht arbeitnehmerfreundlich. Nachdem das Arbeitsministerium jedoch die Dreijahres-Obergrenze für die Befristung aufgehoben hat, können Arbeitgeber und Arbeitnehmer längere Befristungen vereinbaren, um beiden Parteien mehr Planungssicherheit zu geben.

Die VAE werden derzeit auf der grauen Liste der Financial Action Task Force (FATF) geführt. Nach Auffassung der FATF erfüllen die VAE die Anti-Geldwäscheanforderungen derzeit nicht ausreichend und weisen strategische Mängel in ihren Systemen zur Bekämpfung von Geldwäsche und Terrorismusfinanzierung auf. Obwohl mit der Aufnahme in die graue Liste keine direkten wirtschaftlichen Sanktionen verbunden sind, ergeben sich de facto wirtschaftliche Auswirkungen, u. a. durch einen Reputationsverlust des Landes und Auswirkungen auf den internationalen Zahlungsverkehr mit den VAE.

In jüngster Zeit hat sich der Wettbewerb zwischen den VAE und Saudi-Arabien, der größten Volkswirtschaft in der MENA-Region, deutlich verschärft. Mit Spannung bleibt abzuwarten, ob der Wettbewerb um regionale Hauptquartiere (Regional Headquarters) zu weiteren wirtschaftsrechtlichen Liberalisierungen in den VAE führen wird.

Was Sie aus diesem *essential* mitnehmen können

- Grundverständnis über die investitionsrechtlichen Rahmenbedingungen in den Vereinigten Arabischen Emiraten
- Sensibilisierung für gesellschafts-, steuer- und arbeitsrechtliche Kernthemen
- Entscheidungshilfe in Bezug auf eine Investitionsstrukturierung in den Vereinigten Arabischen Emiraten

C. Frank-Fahle und M. Trost, *Markteinstieg in den Vereinigten Arabischen Emiraten*, essentials, https://doi.org/10.1007/978-3-658-42767-2

Printed in the United States
by Baker & Taylor Publisher Services